霞ヶ関維新

官僚が変わる・日本が変わる

Kasumigaseki Restoration
Project K

新しい霞ヶ関を創る若手の会［著］

英治出版

はじめに

時代には一瞬にして大きな変化が訪れることがあります。

インターネットや携帯電話は、私たちの子供時代には想像すらできなかった存在でした。しかし、これらは一九九〇年代後半から爆発的に普及し、わずか一〇年足らずの間に私たちの生活や仕事の仕方を大きく変えてしまいました。今となってはインターネットや携帯電話のない生活は考えられません。また、ほんの数年前には、サラリーマンが真夏でも皆ネクタイを締めて汗だくになりながら働くのは当然のことでしたが、今やノーネクタイのクールビズが当たり前の通勤・勤務風景になりました。

これらは身近な例ではありますが、わずかな期間のうちに絵空事が常識へと劇的に変化した好例ではないでしょうか。そして、別々の事象ながら共通しているのは、「普及当初はさまざまな反対意見もあったが、人々の大きな支持がそれらを乗り越えた」という事実です。この人々の圧倒的な支持・力という点において、未来永劫存在し続けると思われたベルリンの壁が打ち壊されたり、当面は実現するはずがないと思われたアメリカ軍のイラクからの撤兵が進みだしたりしていることと同じであると言えます。

インターネット、携帯電話、クールビズがあっという間に常識になったように、ここ数年、日本社会のさまざまなところで、急速に「変化」の機運が高まっているように思います。この背景には、少子高齢化、経済の成熟化、自殺率の上昇、政治への不信感など多方面における問題の深刻化のほか、政府の限界、グローバリゼーションの進展など、私たちの生活を取り巻く環境の変化があることは言うまでもありません。これらの環境変化に対応し、多くの問題を改善していくため、日本は今、新しい国づくりに向けて一歩を踏み出さなければならない時なのです。

私たち「新しい霞ヶ関を創る若手の会」(NPO法人プロジェクトK)は、二〇〇三年秋、霞ヶ関の各省庁で働く若手職員有志により結成され、メンバーの実名入りでの本の出版、数多くの講演やシンポジウムでの発言などの活動を通じて、霞ヶ関の構造改革を訴えてきました。国家公務員に与えられた使命は「国民全体のために、質の高い政策の企画立案をする」ことであり、このためには「霞ヶ関の構造改革」が必要だと思い至ったからです。

私たちが二〇〇五年に発表した著書『霞ヶ関構造改革・プロジェクトK』(東洋経済新報社)では、これからの日本がめざすべき国家像について私たちの考えを示した上で、霞ヶ関のシステム上の欠陥を指摘し、それらの欠陥を改善するため、組織面・人事面・業務面それぞれについての改革案を示しました。

「縦割り行政」や度重なる不祥事など、何かと問題視され、国民からの信頼を失っていった霞ヶ関の「内部」から生じた私たちの改革運動は、お陰様で多くの方々から心強いご支援を得て広がってきました。しかし、もちろん、改革の「実現」は、そう簡単なことではありません。私たちは、改革案を引っ提げて当時の小泉官邸に直訴したり、マスコミを通じて改革の必要性を訴えたりするなど、少しでも改革案を実現に結びつけるよう働きかけを行いましたが、私たちの提言に共感を示してくださる関係者は多くても、実際に改革を実現するだけの大きな動きはなかなか生まれないのが現実です。

こうした状況を受けて私たちは、霞ヶ関の改革を実現するためには、霞ヶ関内でのトップダウン(官邸からの指示)とボトムアップ(霞ヶ関の若手による改革に向けた活動)の両方の取り組みのほか、霞ヶ関の外にいる人たちとの連携が不可欠であると確信するに至りました。三つの力がうまく一つになったときこそ、霞ヶ関や日本社会を本当に変えることができると私たちは考えています。

このため、私たちは法人を設立して基盤を整え、霞ヶ関の内外に仲間を増やして、霞ヶ関改革への支持を広げるべくさまざまな活動を行ってきたところです。たとえば、各種NPOとの意見交換や有志との勉強会は延べ一〇〇回を超え、訪問した地方自治体は一〇近くになりました。全国の自治体や団体、企業の方々との意見交換や現場訪問を通じて、多くのことを学ばせていただきましたし、このような草の根的な活動を通じて、霞ヶ関改革への期待感の高まりも感じてきました。

そして今、日本経済を取り巻く環境の劇的な変化と時期を同じくして、霞ヶ関を取り巻く環境もまた、激変しつつあることを私たちは実感しています。実現することの難しさから壁にぶち当たっていた私たちの提言が、最近、実現に向けて動き出しているのです。

二〇〇八年、公務員制度改革に関して大きな動きがありました。法案提出時には国会を通過しないとの見方が大勢を占めていた国家公務員制度改革基本法が与野党の協力で成立し、私たちの主張、たとえば「省益中心主義打破のための、内閣による各省幹部人事の実質一元化」などが実現に向けて動き出しています。そして、内閣に国家公務員制度改革推進本部が置かれ、その事務局には私たちのメンバーからも複数名が採用されています。さらなる改革のための法案は今回の衆議院解散で廃案となりましたが、この流れはもはや止まらないでしょう。

天下りの規制も進んでいます。私たちが以前、あるテレビ番組に出演して天下り廃止を訴えた時には、他の出演者たちから「理想としてはそうかもしれないけれど、現実的にそれは無理だよ」とのコメントがありました。霞ヶ関の先輩たちからは、「若い公務員は、退職した後の大変さが分からないからそんなことを言えるのだ」というご指摘もいただきました。しかし、数年経った現在、天下りは大きく規制される方向で動き出しています。また、ミクロな例では、タクシー券の使用規制があります。私たちは労務管理や無駄な業務削減の観点からタクシー券の使用削減を主張してきましたが、昨年から居酒屋タクシー問題の反射的効果とはいえ、国土交通省と環境省でタクシー券使用の原則廃止が実現し、他省庁でも使用が厳しく管理されるようになりました。

日本の経済・社会が変わりつつあるのと同様に、霞ヶ関も今、大きく変わりつつあります。そしてそれは、日本という国の「仕組み」を変える第一歩に他なりません。インターネットや携帯電話、クールビズがあっという間に広がり世間の常識になったように、高い専門性を持ちつつも省益意識に囚われない人材が内外から霞ヶ関に結集し、明確なビジョンが示され、長期的な展望に立つ総合戦略が作られ、本当に国民のためになる質の高い政策が立案され、無駄が排除されて業務効率化が一挙に進む、……そんな劇的な変革も夢ではありません。

本書は、こうした状況認識の下、私たちが考える今日のわが国にとっての課題と、これからめざすべき国家像を示すとともに、それを実現する一歩となる霞ヶ関の構造的な改革について提言することを目的としています。前著で行った提言を、寄せられたご意見やご批判を踏まえてバージョンアップし、分かりやすく、可能な限り具体的に記述しました。

まず、第一部において、現在の日本が置かれた状況について私たちの見解を記します。GDPのような経済指標だけでなく自殺率や「幸福度」といった社会指標を重視し、また歴史的・

国際的視座も取り入れることで、日本の現状を包括的にとらえることをめざします。

次に第二部では、私たちが考えるわが国の理想像について記述し、それを実現するためには国家としての総合的な「戦略」が必要であることを説明します。その中で、霞ヶ関の構造改革が、皆様の日常生活にも直結する極めて重要な課題であることを、少子化問題に関する具体的事例も交えつつ明らかにします。

また、私たちの前著も含め、これまでの多くの霞ヶ関改革案は、どのような方向をめざすべきかについては述べていましたが、そのためにどのような手順を踏んで改革を進めていくかという部分を十分に説明しきれていなかったと考えています。第三部では、現在良い方向に進みつつある国家公務員制度改革などの改革を実効ある形で貫徹させ、同時にいまだ実現の途についていない国家行政の司令塔たる総合戦略本部の設置などの推進を確かなものにするための具体的なプロセスについて、可能な限り丁寧かつ具体的に記述しました。特に、実際の改革推進のエンジンとなる霞ヶ関構造改革推進本部とその事務局の設置について詳述しています。

さらに第四部では、私たち、プロジェクトKのこれまでの取り組みと将来像を紹介しつつ、霞ヶ関構造改革、また私たちのめざす国家像を実現するためには、国家公務員にとどまらないあらゆる分野・部門・地域の有志の協力が不可欠であることを訴え、また、プロジェクトKが、これらの熱い想いを持っている有志たちの架け橋となり、大きな社会変革の力とできるよう、その有志連合の具体的なイメージを提示して皆様のご意見をうかがいたいと思います。前著で私たちの考えを世に問うてからこの数年で私たちが出会った方たち、霞ヶ関構造改革に関心を持ってくださる政治家、自治体を変えようと取り組む職員、取材してくださったメディア、地域で踏ん張る中小企業、プロジェクトKのイベントに欠かさず参加してくださる学生、私たちの活動に注目して叱咤激励をくださる有識者など、このような同志と今後どのように活動をともにしていくかについて、プロジェクトKとして考えていることを記しています。

霞ヶ関構造改革は一挙にこれを進める端緒についた感じがあり、この流れはもう止まらないと思いますが、このスピードと方向性は極めて重要です。特に、霞ヶ関やその職員に対する単なる批判ではなく、構造的な仕組みの改革・建設的な提案が求められています。批判、攻撃、破壊という前座は、建設的な改革を行うに当たり、効果的なこともありますが、これだけではプラスの価値を生み出すことはできません。何を守り、何を育てるために、何を変えなければならないのか。本書が、こうした「正しい改革」「真の改革」に向けた一助となることを著者一同、切望しております。そして、共感してくださった方々が、「共感」から「共汗」へと一緒に立ち上がっていただければ、私たちにとって、これ以上の喜びはありません。

本書が店頭に並ぶ頃には、総選挙の結果を受けて新たな政権が発足しているかと思います。私どもの改革案は、どの党が政権を取ってだれが首相の座に就こうとも、この国の将来のために必ず実施しなければならないものであると信じています。新政権には、ぜひ優先順位の高い課題として霞ヶ関構造改革を取り上げていただき、強いリーダーシップとスピード感を持って取り組んでいただければと考えています。
最後になりましたが、本書は、高野達成さん、原田英治さんをはじめとする英治出版の皆様の献身的なご協力と叱咤激励なしには出版することはありえませんでした。また、これまで私たちの活動を支えてくださった方々、特に、「架け橋」イベントにおいてボランティアで講師を務めていただいた皆様のほか、社団法人日本青年会議所、官民協働ネットワークCrossover21、戦略経営研究会、日本未来リーグ、政策過程研究機構、MPI（Management and Policy Institute）、その他BNJ（Brand New Japan）所属の各団体などの若手主体の諸団体の有志の方々のご協力なくして考えられない本です。改めまして支えていただきました多くの皆様に対し厚く御礼申し上げます。

二〇〇九年八月一五日

新しい霞ヶ関を創る若手の会（NPO法人プロジェクトK）

※　本書の執筆母体であるNPO法人プロジェクトKは、二〇〇三年秋に霞ヶ関の構造改革をめざす若手職員による「新しい霞ヶ関を創る若手の会」として結成された組織です。以来、「現在の日本を取り巻く各種問題に前向きに対処するためには、個別の政策論よりも霞ヶ関にお

ける政策決定の仕組みを大きく改革することが急務である」という観点に立ち、霞ヶ関の構造改革を訴える活動を続けてきました。プロジェクトKという名前は、霞ヶ関、改革、公務員といった、私たちの活動にかかわるキーワードが、アルファベットではKで始まるからです。

設立時のメンバーは公務員のみでしたが、現在は公務員以外のメンバーも多数加わって活動を行っています。任意団体、中間法人と発展しながら活動を続け、二〇〇九年五月二六日にNPO法人として新たな一歩を踏み出しました。会の詳細については、私たちのウェブサイト（www.projectk.jp）をご覧ください。毎月二〇日頃に発行しているメールマガジン（イベントの案内などを掲載しています）の配信登録も同サイトで受け付けています。プロジェクトKの活動に少しでも関心を持っていただいた方は、ぜひ私たちが定期的に開催している「架け橋」イベント（開催情報はウェブサイト及びメールマガジンにて発信しています）にお立ち寄り下さい。また、法人の活動趣旨にご賛同いただき、活動を支援してくださる会員（メンバー、サポーター）を募集しております。詳細は、法人のメールアドレス（contact@projectk.jp）までご連絡をよろしくお願いいたします。

最後になりますが、本書に対するご意見を心よりお待ちしております。こちらも同じく法人のメールアドレス（contact@projectk.jp）までお寄せいただければ幸いです。

霞ヶ関維新——官僚が変わる・日本が変わる◆目次

霞ケ関維新

官僚が変わる・日本が変わる

第1部

日本の現状をどう見るか

本書で私たちは、私たちがめざす国家像、それを実現するために霞ヶ関を改革する必要性と、改革のための具体的なステップなどについて述べていきます。

しかし、そもそも論として、「霞ヶ関」という言葉はメディアなどでたびたび取り上げられているものの、多くの方々は、これを「自分とは遠い世界」ととらえて、そこで行われることや、公務員制度改革といった問題に対して、総じて無関心なのではないでしょうか。そこで働く「官僚」が何を考え、どのような仕事をしているかについても、一般にはよく知られていないように思います。このような、「遠い存在」の人たちが「改革」を語ると聞いても、「まず、あなたたちがどんな考えを持っているのかを聞かせてくれ」と思われる方が多いのではないでしょうか。

そこで本書は、私たちが日本の現状をどのように見ているかについて書くことから始めたいと思います。まずは、単なる体感温度ということではなく、いったい本当に今の日本の状況は悪いのかどうかを、できるだけ公平な目で簡単に確認することがすべてのスタートとなります。具体的には、第一部第一章で改めて各種指標を参考にして定量的に日本の状況を概観し、第二章では定性面から、すなわち、必ずしも数字ではとらえきれない種々の事象（たとえばイスラム圏の興隆、日本の近代史の推移など）を参考にして、国際的な視点や歴史的視点から現在の日本が置かれている位置づけを確認し、第三章でそれらを受けて、私たちなりの結論を述べたいと思います。

日本の現状についての結論を先取りすると、私たちは、日本は衰退傾向にあり、とらえ方によっては危機的状況にあると考えています。そこで、第一部に続く第二部において、現状の分析を受けて、改めて日本再生のためには何が必要かということを考察することとし、この文脈に沿って、霞ヶ関構造改革の必要性について考えてみたいと思います。

第1章　データから見る日本

日本の現状はどうなっているのかということを考える際に、まず真っ先に頭に浮かぶのが、昨今の経済情勢の悪化です。

二〇〇八年秋のリーマンショックの直後には、「たしかにわが国経済も影響を受けることは間違いないが、たとえば本邦の主要金融機関のダメージは欧米のそれと比べて数段小さいはずで、円高という武器と併せて世界に攻勢をかける絶好のチャンスだ」などといった強気の意見も出ていました。しかし、今やそうした議論も下火になりつつあり、むしろ、輸出主導型のわが国の経済構造がもっとも世界同時不況には弱いなどと言われることもしばしばです。実際、リーマンショックの前後を比較すると日本の平均株価（日経平均）の下落幅は主要先進国中でもっとも大きかったというデータも出ています。トヨタやソニーなどわが国を代表する大企業の不振が下請けに波及し、内需も冷え込み、回復の見通しもまだ明確には立たず、一言で言えば、日本経済の減速を示すデータは枚挙にいとまがないというのが現状です。

こうした状況を受け、定額給付金の支給、高速道路の通行料の割引、家電買換推進のためのエコポイント制度、中小企業の資金繰り支援、再就職支援など、なりふり構わぬ経済対策を内容とする史上空前の一五兆円規模の補正予算が組まれて実行されています。

このような状態にかんがみるに、現在の厳しい経済状況を立ち直らせることが今の日本の最優先課題であることは間違いありません。多くの方々にとっては日々の暮らしが何よりも大切であり、国民生活を何とか支えるための緊急避難的な諸対策を考え実行することが重要であることは論を待ちません。

しかし、私たちは同時に、日本の現状を正しく理解するためには、そして、根本的なところからの日本の再生を考えるためには、むしろ、直近の経済・金融危機の影響を考慮しすぎると問題の本質を見誤ることになりかねないと考えています。理由は主に二つあります。

一つ目の理由は、直近の経済・金融危機の影響を直視し過ぎると、わが国の本当の実力・体力を知ることができなくなると考えるからです。比喩的に言うならば、風邪が大流行して自分の体も弱っているときに、正確な体力測定ができないようなものです。

たしかに、今次の危機の後遺症はどれだけ続くか分からず、いまだ底が見えていないとも言われます。しかし、今後の人生を力強く生き抜くために、自分の体力を正確に認識し、弱点の補強をしようと考える場合に、風邪による発熱を下げることだけに汲々としても仕方ありません。そもそもすぐに風邪をひいてしまうような弱った体について、その要因を分析し、病気にかかりにくくする体を作るという視点を持つことも重要です。

小泉純一郎氏の首相就任直後、所信表明演説で引用された「米百俵」の故事が盛んに喧伝されました。目先の利益のために米百俵を活用するのか、それとも、次世代を見据えて藩全体の体力向上のために米百俵を活用するのか。短期的な緊急対策と中長期的な抜本対策は必ずしも矛盾するものではなく、つねに両方を念頭に置かなければならないものですが、私たちは特に後者の観点に立った改革を考える立場から、直近の経済・金融危機の影響をあまり意識せずに中長期的視点から現状を見てみたいと思います。

二つ目の理由は、私たちなりの日本がめざすべき国家像についての考え方に基づき、一般的に経済指標を過度に重視するべきではないと考えるからです。

第二部で述べるように、私たちは従前より、日本のあるべき国家像として三つの国家像を唱えています。この一つが「真豊国家」というものなのですが、これは、ごく簡単に述べれば、戦後の右肩上がりの高成長が終わったという現実を直視し、「幸福の基準をＧＤＰ成長等の経済指標に置くことは、そもそも目標達成が困難であり、望ましい姿でもないので止めよう」というものです。

これらの数値をすぐに上げようと思うと、どうしても「既得権益保有者」を対象とした財政的・人的資源投入に走りがちになります。ここで私たちは、既得権益保有者のために財政的・人的資源を投入することは止め、個々人の多様な選択肢を可能にするような、心の豊かさを重視する国家をめざそうと提唱しています。

端的に言えば、失われた一〇年と呼ばれる九〇年代に、効果の小さい財政投入を繰り返して財政赤字だけを膨らませた轍を踏むのは止めようということになります。「足元の経済指標の悪さから判断して、日本は調子が悪いと結論づけざるをえない。良い状態を現出させるためには、悪化している経済指標を伸張させるべく日本は構造改革をするべき」という結論のみが導き出されることは避けるべきです。それよりも「自殺率を下げる」とか「活力ある社会維持のため少子化に歯止めをかける」などといった社会指標に基づく対応策がより重視されるべきであると私たちは考えています。こうした社会指標の向上は中長期的には経済指標にも良い影響を与え、社会経済に活力を与えるものなのではないでしょうか。

このような観点に立ち、第一章では、主に定量面から、あくまで社会指標を強く念頭に置きながら、経済指標なども俯瞰しつつ、日本の現実を見てまいりたいと思います。多くのデータは、金融危機が本格化したリーマンショック以前のものになりますが、そのほうが、わが国の本当の「体力」を知ることができる可能性を持っており、また、私たちがめざすべき方向性に忠実だと考えています。

本章では、このような考え方にしたがって具体的に、社会指標、経済指標、総合的な競争力ランキングの順にそれぞれさまざまなデータを俯瞰してみたいと思います。

主な社会指標

自殺率

厚生労働省発表の自殺死亡統計や内閣府が出している自殺対策白書（平成二〇年版）によれば、一九九八年から二〇〇七年まで一〇年連続してわが国の自殺者は三万人超で推移しています。特に自殺死亡率（人口一〇万人当たりの自殺者数）の国際比較においては、日本は二三・七で八位となっています（**図1**。二〇〇六年。ただし比較している各国のデータは必ずしも二〇〇六年のものではない）。この順位が掲載

図1●自殺死亡率の国際比較

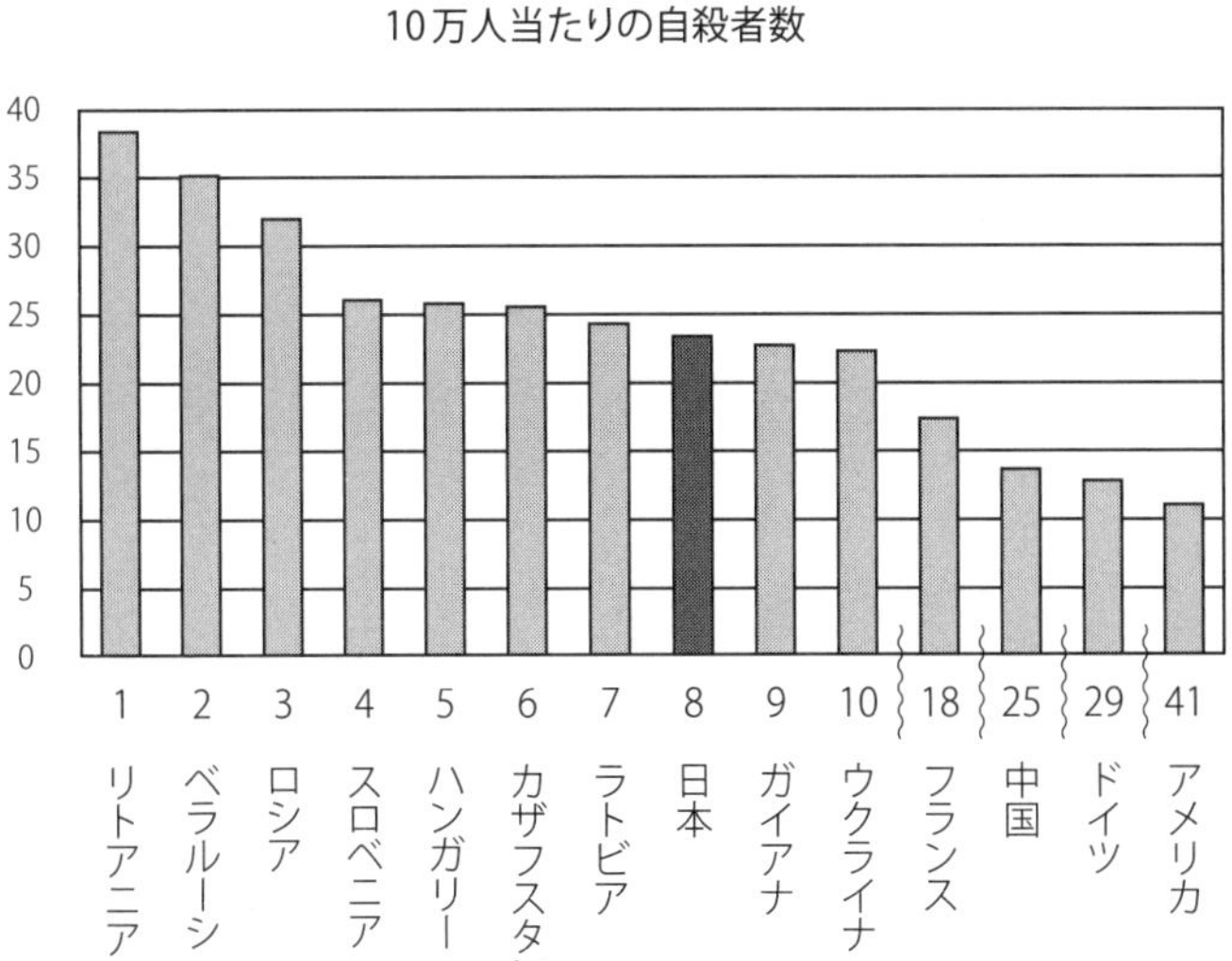

出典：内閣府HPより

されている自殺対策白書の上位五〇カ国の表によれば、日本より自殺死亡率の高い主要国はロシア（三二・二）くらいであり、他の主要国は、アメリカが一一・〇、ドイツが一三・〇、中国が一三・九、フランスが一七・六などとなっています。男女別の自殺死亡率のデータを見ても、性別を問わず日本人の自殺死亡率が高いという傾向は顕著です。

長期的に日本の自殺死亡率の傾向を見ると、一九五八年前後の山（二五・七）、一九八六年前後の山（二一・二）の二つの山の後、一九九八年から二五前後という高い水準が一〇年以上も続いているという異常な状態であることが分かります（図2）。

幸福度

幸福度という曖昧な概念を数値化して正確に比較することは極めて困難なので、あくまで参考ということになりますが、各国の幸福度を比較したデータがいくつか存在します。

たとえば、ビジネスウィーク誌には、ワールド・ヴァリューズ・サーベイという国際非営利法人が発表した結果と（図3。二〇〇八年八月二〇日号）、イギリスのレスター大学が発表した結果が出ています（図4。二〇〇六年一〇月一一日号）。前者は一九八一年以来三五万人のデータを元にした調査とのことで、日本は九七カ国中四三位という結果になっており、後者はWHOなどが発表している数値と八万人からのアンケート調査を元にした分析結果とのことで、日本は一七八カ国中九〇位となっています。最初に見た自殺死亡率の国際比較から見れば比較的良い数値とも言えますが、わが国の

図2●日本の自殺死亡率の長期的推移（人口動態統計）

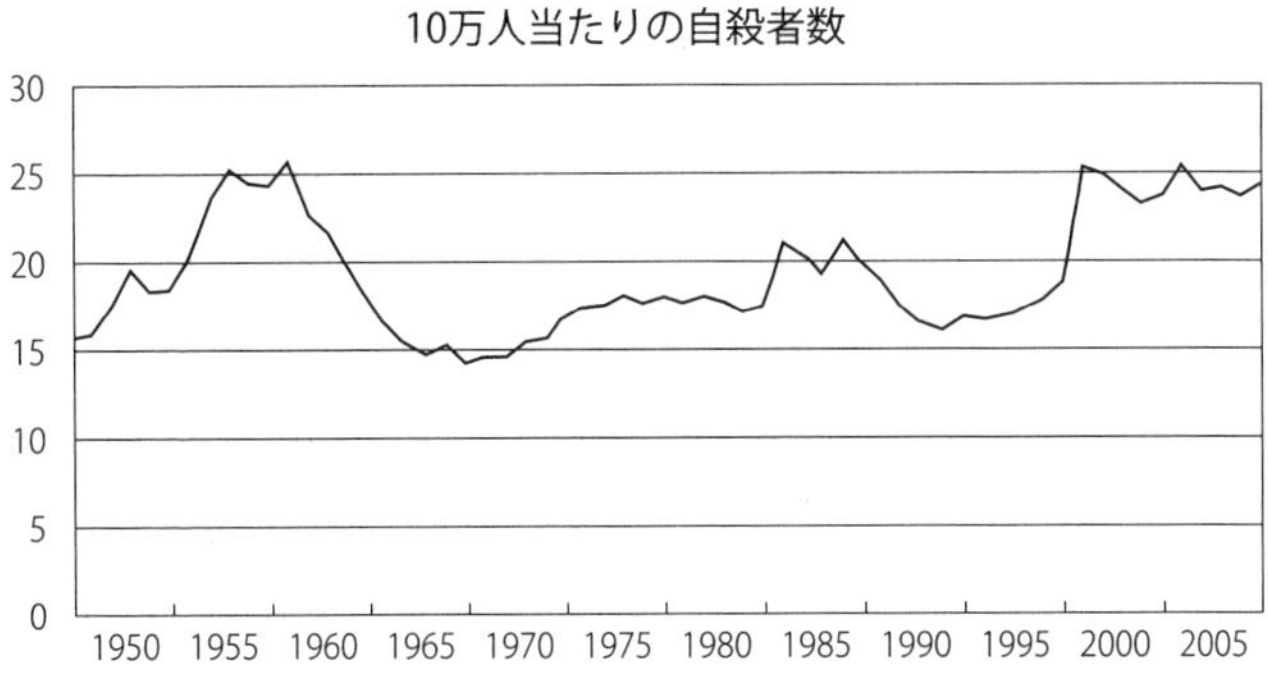

図4●イギリス、レスター大学の社会心理学分析の研究者エードリアン・ホワイト氏による調査

順位	国
1位	デンマーク
2位	スイス
3位	オーストリア
4位	アイスランド
5位	バハマ
6位	フィンランド
7位	スウェーデン
8位	ブータン
9位	ブルネイ・ダルサラーム
10位	カナダ
⋮	⋮
23位	アメリカ
35位	ドイツ
41位	イギリス
62位	フランス
82位	中国
90位	**日本**
167位	ロシア
⋮	⋮
176位	コンゴ民主共和国
177位	ジンバブエ
178位	ブルンジ

図3●「ワールド・バリューズ・サーベイ（世界の価値観調査）」の「幸福度調査」

順位	国
1位	デンマーク
2位	プエルトリコ
3位	コロンビア
4位	アイスランド
5位	北アイルランド
6位	アイルランド
7位	スイス
8位	オランダ
9位	カナダ
10位	オーストリア
⋮	⋮
43位	**日本**

出典：WVS（本部：スウェーデン・ストックホルム。1981年以来、世界97カ国・35万人から集めたデータを分析）

幸福度は順位的にはちょうど世界の中間に位置しており、決して高い水準とは言えない状況です。後述するGDPの指標に比べると低い水準であり、GDPが幸福度に直結するわけではないことが理解できます。

なお、先ほどのレスター大学の調査で幸福度世界八位に輝いたブータンでは、国民の九七%が幸せ（内訳は、とても幸せ：四五%、幸せ：五二%）と答えており（二〇〇六年の同国の国勢調査）、Gross National Happiness（GNH）という指標を用いている同国の面目躍如といった結果になっています。

労働時間

興隆する日本へのやっかみも手伝ってでしょうか、家族と過ごす時間や自分の時間を犠牲にして仕事に邁進する日本の猛烈サラリーマンの姿を、かつて欧米人は「エコノミック・アニマル」と揶揄したことがありました。たしかに八〇年代に比べると、特にアメリカとの労働時間の差は縮まってきていますが、最近になっても日本人の労働時間が相対的に長いことは確かなようで、データブック国際労働比較によれば（図5。製造業、二〇〇五年）、日本、アメリカ、イギリス、ドイツ、フランスの五カ国の年間総実労働時間の比較において、わが国は一九八八時間と、堂々の最長時間労働国です。（一位はアメリカの一九四三時間。もっとも少ないドイツで一五二五時間）。OECDの『factbook 2008』によれば、製造業に限らない産業一般の数字としての比較が出ていますが、日本はアメリカよりもわずかに労働時間が少なく、OECD平均よりもわずかに大きい一二位となっています（図6。一七八四時間）。

図5●生産労働者の年間総実労働時間（製造業、2005年）

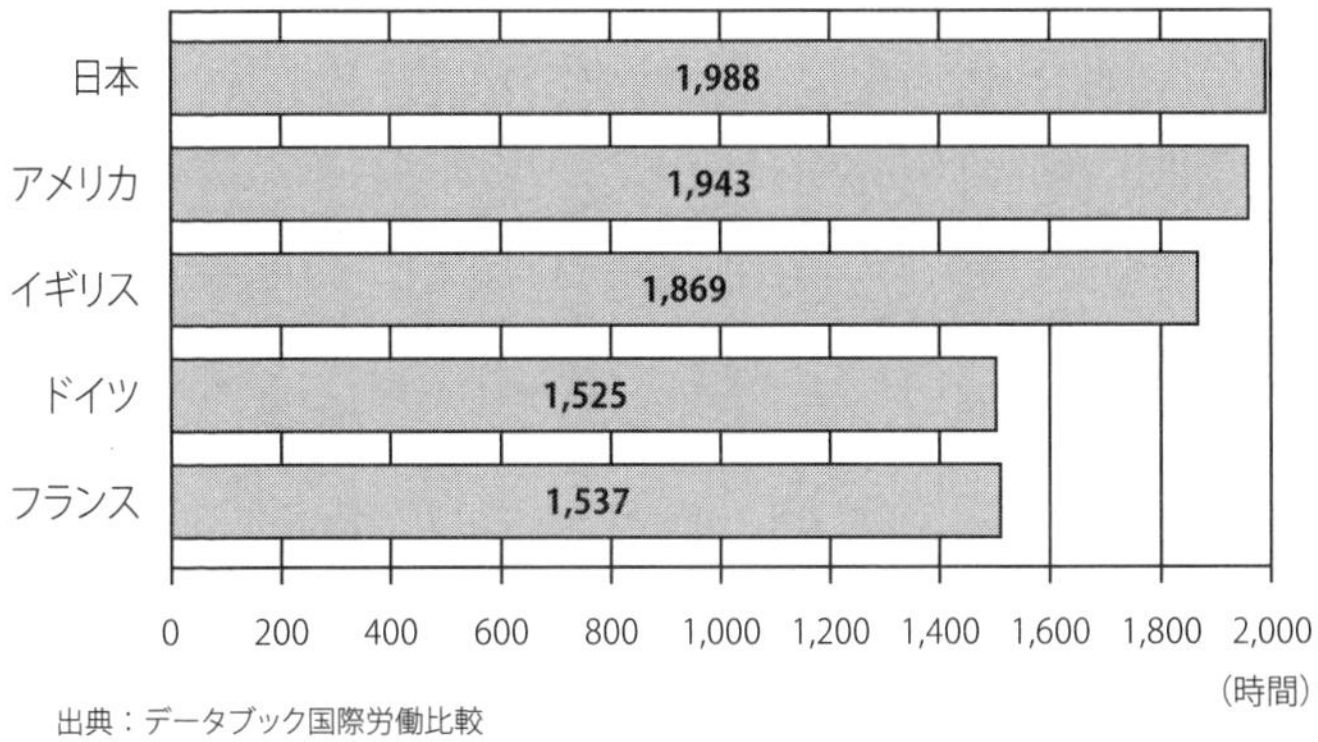

出典：データブック国際労働比較

図6●年間実労働時間の国際比較（全労働者）

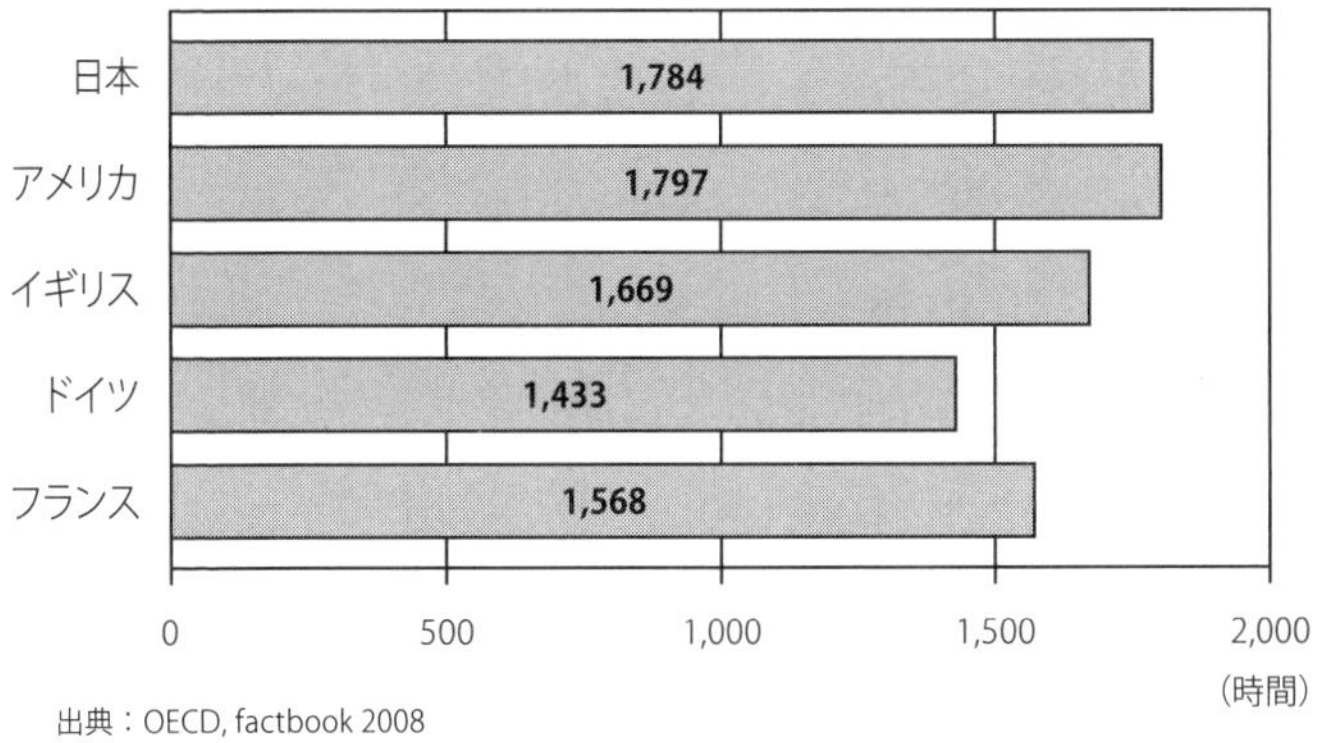

出典：OECD, factbook 2008

これらに関しては、少なくとも日本に関してはサービス残業その他の影響が勘案されておらず、実態とは乖離しているとの指摘もあり、たとえば私たち自身の周りの状況から考えても、OECDの数字のように（先述の一七八四時間を年間の通例の勤務日数で割ると一日あたり七〜八時間）、少なくとも毎日定時退庁しているのが平均というのは納得がいかない気もします。したがって、この数値は、他国との比較ではなく、同国内での経年推移を見るのに活用すべきということも言われているようです。なお、経年比較によれば、前出の『OECD factbook 2008』では、わが国は一九九三年と比べて年間の労働時間が約一二〇時間程度減少していますが、年間の労働日数を二五〇日強と考えると、一日当たりの労働時間は、一五年で三〇分程度しか縮まっていないことが分かります。

若者の基礎学力／意欲

OECDでは三年に一度、学習到達度調査を行っています。義務教育修了段階の一五歳児を対象に、「読解力」「数学的リテラシー」「科学的リテラシー」の三分野を対象として実施するもので、これまで、二〇〇〇年、二〇〇三年、二〇〇六年と三回実施されています。各回で参加国数が異なるので単純比較はできませんが、順位の推移を見ると、日本の低落傾向が見て取れます（図7〜9）。

また、意欲については、日本青少年研究所が二〇〇七年に発表している調査結果によれば、各国（アメリカ、中国、韓国）の高校生に比べ、日本の高校生の各種意欲が弱いことが傾向として明らかなようです。たとえば、生活意識について、日本の高校生の回答の傾向は「暮らしていける収入が

図7●学習到達度調査（読解力）の結果

順位	2000年	2003年	2006年
1位	フィンランド	フィンランド	韓国
2位	カナダ	韓国	フィンランド
3位	ニュージーランド	カナダ	香港
4位	オーストラリア	オーストラリア	カナダ
5位	アイルランド	リヒテンシュタイン	ニュージーランド
6位	韓国	ニュージーランド	アイルランド
7位	イギリス	アイルランド	オーストラリア
8位	**日本**	スウェーデン	リヒテンシュタイン
9位	スウェーデン	オランダ	ポーランド
10位	オーストリア	香港	スウェーデン
11位	ベルギー	ベルギー	オランダ
12位	アイスランド	ノルウェー	ベルギー
13位	ノルウェー	スイス	エストニア
14位	フランス	**日本**	スイス
15位	アメリカ	マカオ	**日本**
16位	デンマーク	ポーランド	台湾
17位	スイス	フランス	イギリス
18位	スペイン	アメリカ	ドイツ
19位	チェコ	デンマーク	デンマーク
20位	イタリア	アイスランド	スロベニア

出典：OECD

図8●学習到達度調査（数学的リテラシー）の結果

順位	2000年	2003年	2006年
1位	日本	香港	台湾
2位	韓国	フィンランド	フィンランド
3位	ニュージーランド	韓国	香港
4位	フィンランド	オランダ	韓国
5位	オーストラリア	リヒテンシュタイン	オランダ
6位	カナダ	日本	スイス
7位	スイス	カナダ	カナダ
8位	イギリス	ベルギー	マカオ
9位	ベルギー	マカオ	リヒテンシュタイン
10位	フランス	スイス	日本
11位	オーストリア	オーストラリア	ニュージーランド
12位	デンマーク	ニュージーランド	ベルギー
13位	アイスランド	チェコ	オーストラリア
14位	リヒテンシュタイン	アイスランド	エストニア
15位	スウェーデン	デンマーク	デンマーク
16位	アイルランド	フランス	チェコ
17位	ノルウェー	スウェーデン	アイスランド
18位	チェコ	オーストリア	オーストリア
19位	アメリカ	ドイツ	スロベニア
20位	ドイツ	アイルランド	ドイツ

出典：OECD

図9●学習到達度調査（科学的リテラシー）の結果

順位	2000年	2003年	2006年
1位	韓国	フィンランド	フィンランド
2位	**日本**	**日本**	香港
3位	フィンランド	香港	カナダ
4位	イギリス	韓国	台湾
5位	カナダ	リヒテンシュタイン	エストニア
6位	ニュージーランド	オーストラリア	**日本**
7位	オーストラリア	マカオ	ニュージーランド
8位	オーストリア	オランダ	オーストラリア
9位	アイルランド	チェコ	オランダ
10位	スウェーデン	ニュージーランド	リヒテンシュタイン
11位	チェコ	カナダ	韓国
12位	フランス	スイス	スロベニア
13位	ノルウェー	フランス	ドイツ
14位	アメリカ	ベルギー	イギリス
15位	ハンガリー	スウェーデン	チェコ
16位	アイスランド	アイルランド	スイス
17位	ベルギー	ハンガリー	マカオ
18位	スイス	ドイツ	オーストリア
19位	スペイン	ポーランド	ベルギー
20位	ドイツ	スロバキア	アイルランド

出典：OECD

あればのんびりと暮らしていきたい」となっているのに対し、アメリカのそれは「一生に何回かはデカイことに挑戦してみたい」、中国は「やりたいことにいくら困難があっても挑戦してみたい」、韓国は「大きい組織の中で自分の力を発揮したい」となっています。

　また、卒業後の進路として、「国内の一流大学に進学したい」と答えている比率は、日本が二〇・四％であるのに対し、アメリカ：二四・七％、中国：三七・八％、韓国二八・五％となっています（図10）。チャレンジ精神が旺盛であることや、一流大学への進学熱が強いことが「人生の正しい答え」というわけではありませんが、マクロの傾向としての国力を考えると少し心配なデータであると言えます。

図10●高校生の生活意識調査

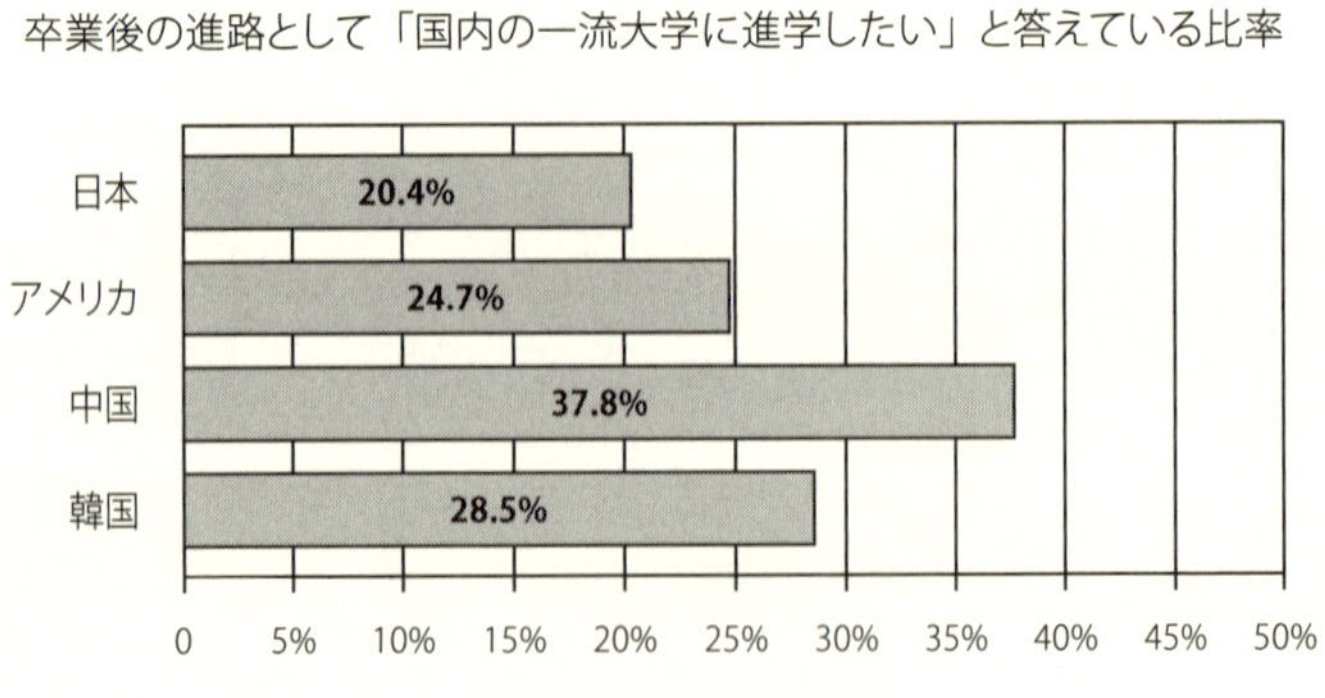

出典：日本青少年研究所

高齢化

内閣府の高齢社会白書（平成二〇年版）によれば、日本の高齢化率（人口全体に占める六五歳以上の高齢者人口の割合）は、二〇〇五年に二〇%を超え、その後も増加傾向にあります。主要先進国ではもっとも高い水準にあり、二〇五〇年には四〇%に迫り、二〇五五年には、高齢者一人に対して一・三人の生産年齢人口（一五歳～六四歳の人口）という割合になることが予想されています（**図11**。二〇〇五年は三・三人）。一般的に労働による対価としての収入がない高齢者一人を、現役世代の一・三人で支えなければならなくなるわけですから結構な負担が予想されます。単純計算で、生産年齢人口一人当たりの負担は二〇五五年には現在の三倍近くとなるという推定です。逆に、そのころ高齢者となっている

図11●世界の高齢化率の推移

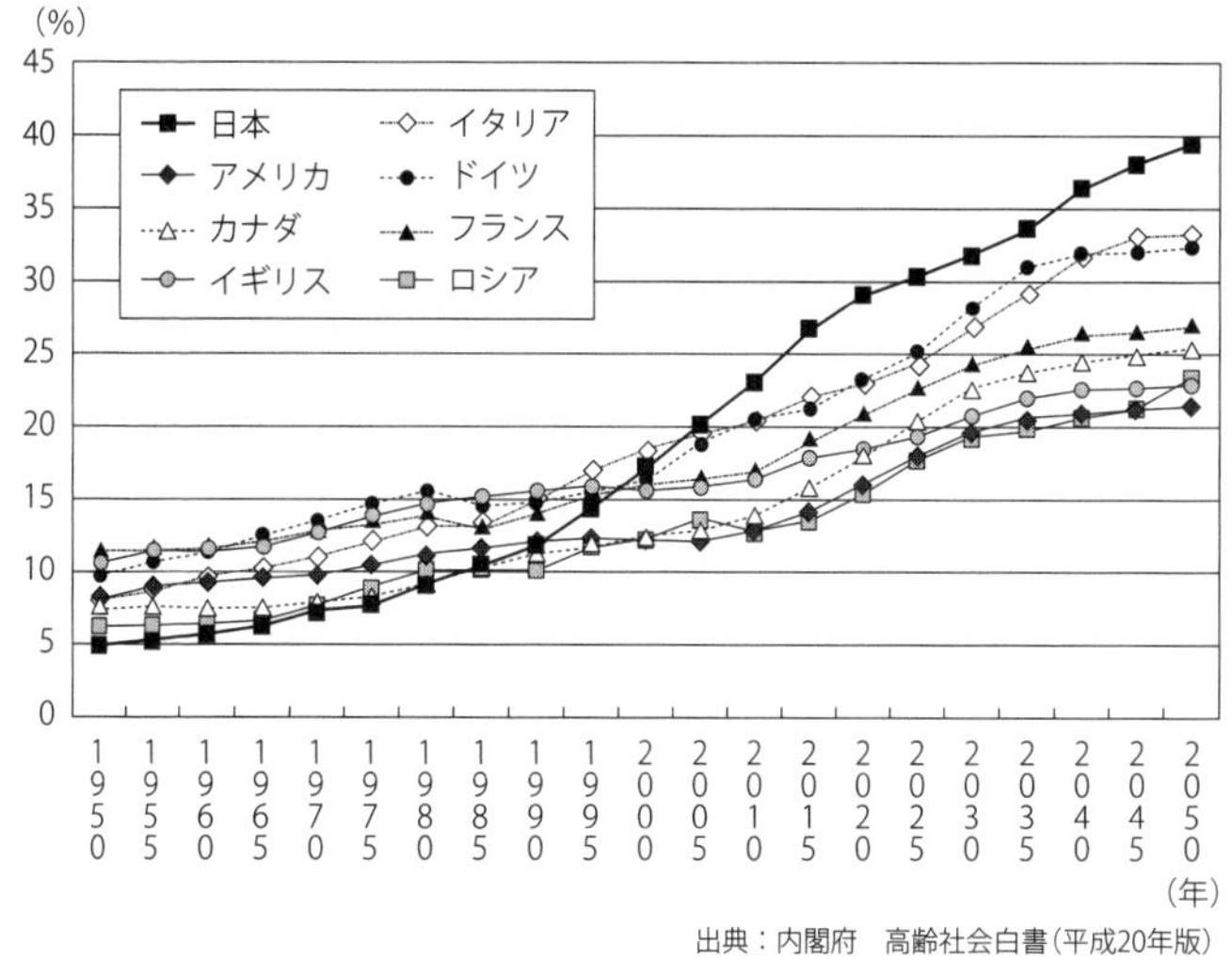

出典：内閣府　高齢社会白書（平成20年版）

今の私たちの立場に立てば、もし、一人当たりの負担が現在のまま変わらなければ、現在の老人に比べて単純比較で三分の一の恩恵しか受けられないこととなります。今後、急激な高齢化社会を迎えると言われている中国と比べてもこの数字は極めて高いと言わざるをえません（二〇五〇年の中国の高齢化率は二五%弱の予想）。これに伴い、各個人や家庭の生活状況から国レベルの経済状況・社会状況まで、これまで経験したことのない多くの困難が予想されます。

投票率

わが国の運営に関する重要な意思決定を担う政治家を選ぶための投票は、国民が有する重要な権利であり、民主主義の根幹を成すものです。しかしながら、近年の投票率は増減を繰り返しつつも、長期的には低落傾向にあると言えます（図12）。

終戦後の一九四六年四月に行われた衆議院議員総選挙の投票率は七二・〇八%であり、その後長らく七〇%前後の投票率で推移していましたが、九〇年代に入ってからは恒常的に七〇%を割り込むようになりました。さらに、一九九六年一〇月の選挙では五九・六五%と初めて六〇%を割り込んでしまいました。政治への無関心、あるいは自分の一票では何も変わらないという無力感がこのような投票率低下の一因になっていると考えられます。

一方で、小泉元首相が郵政民営化に関する記者会見を行ったことを契機に自民党が地滑り的な大勝を手にした二〇〇五年九月の選挙では六七・五一%の投票率となりました。また、二〇〇九年に入ってからの多くの地方選挙では、投票率が前回よりも軒並み一〇%以上上がっています。このように、政権交代や郵政民営化など、閉塞感が蔓延する現代の日本を変えるという期待を持たせてくれる選挙や、変化をもたらす具体的な争点が明確になった選挙については、政治への関心が高まり、投票率は上がるということが言えそうです。

　また、投票率に関しては、顕著かつ重要な事実として、若年層、特に二〇代の投票率が際立って低いことが挙げられます。平均投票率と二〇代の投票率の差が一〇%前後だったものが、一九八三年一二月の選挙から乖離が拡大し、一九九三年七月の選挙以降は二〇%前後の乖離となっています。たとえば、

図12●衆議院議員総選挙投票率の推移

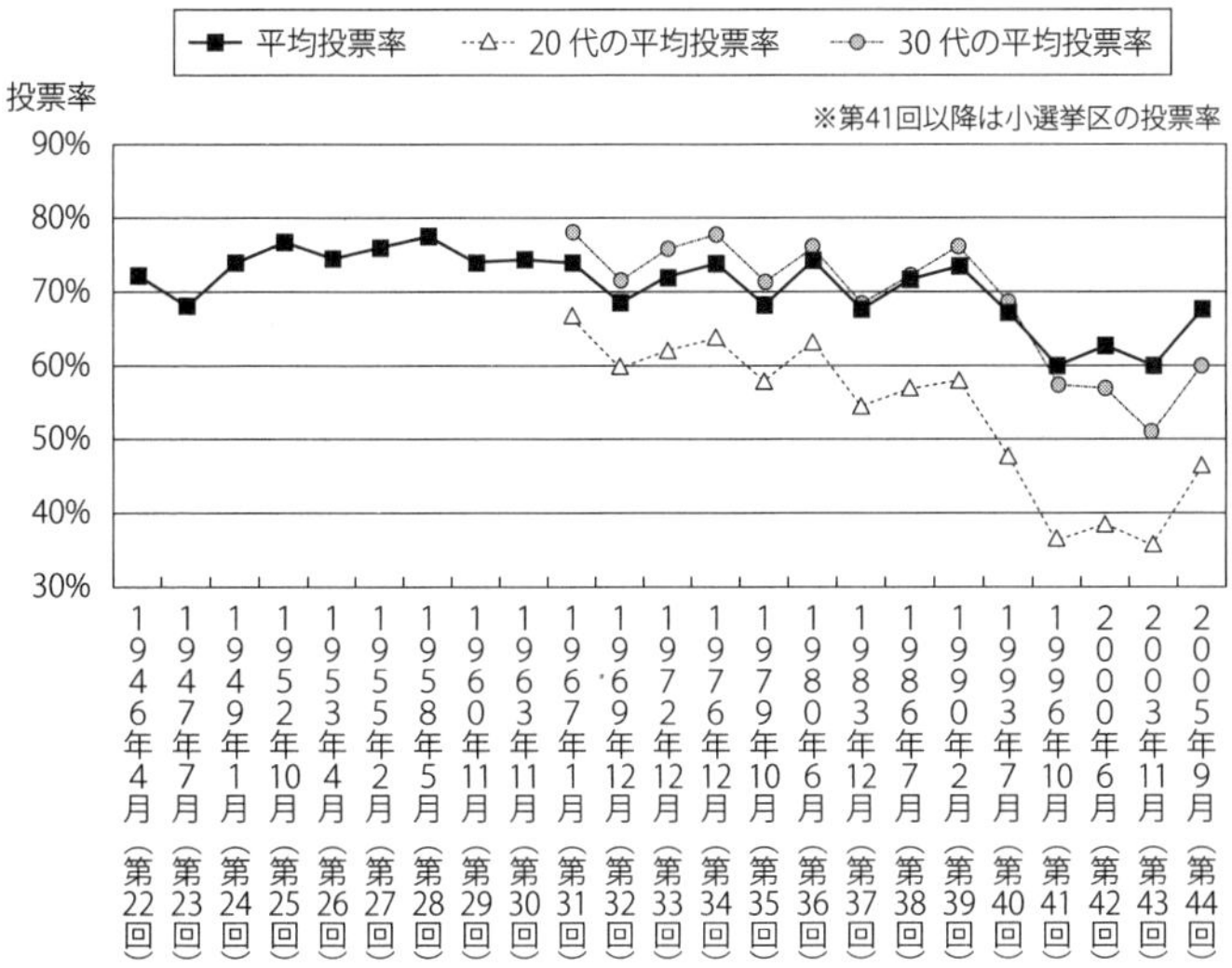

一九八〇年六月の選挙では、平均投票率が七四・五七％、二〇代の投票率が六三・一三％（乖離は一一・四四％）であったのに対し、一九九三年七月の選挙では、平均投票率が六七・二六％、二〇代の投票率が四七・四六％（乖離は一九・八〇％）となっており、一九九六年一〇月の選挙では、平均投票率は五九・六五％、二〇代の投票率は三六・四二％（乖離は二三・二三％）となっています。

三〇代についても、一九九六年以降は平均投票率を下回るようになり、二〇〇三年一一月の選挙では五〇・七二％（平均投票率は五九・八六％）、二〇〇五年九月の選挙でも五九・七九％（平均投票率は六七・五一％）と、近年は平均投票率を上げる年齢層から下げる年齢層に変わっています。

若年層の投票率の低さの原因は、若年層の政治的無関心や政治への不信感、会社や業界団体等の特定組織への帰属が緩やかであることなど、さまざまな見解がありますが、若年層が投票しないことによって、ますます若年層が期待する政策が実現しにくくなり、それが若年層による政治や行政に対する不信感をさらに強めるという悪循環が生じていると考えられます。若年層の投票率が高まれば、選ばれる政治家、勝利する政党が変わる可能性も小さくありません。

政治や行政の不祥事の発生や根深い問題点が連日マスコミで報じられる中、若年層の政治・行政不信の増幅には一定の合理性もありますが、それでもなお、私たち国民のもっとも重要な権利の一つである投票権を行使することなく、政治・行政・社会を批判し、責任を転嫁するだけではあまりにもったいないのではないでしょうか。

政治家や国家公務員が、若年層の政治・行政に対する失望感、不信感を取り除くための改革を進めていくことも大事ですが、若年層の不信感の増幅と低投票率、そして若年層の意見を必ずしも反映しない政治・行政という現在の悪循環を断ち切るためには、私たち若年層一人ひとりが進んで投票所へ足を向け、与えられた権利をきちんと行使することも大事だと考えます。

首脳の在任期間

ここ数年、わが国の首相は短期間のうちに何度も交替しています。外国の人で、現在の日本の首相の名前を答えられる人は極めて少数でしょう。国際政治の厳しい議論の場で、まず自己紹介から始めなければならないのは大きなハンディキャップとなります。他の国の関係者はもう何年も同じメンバーであることが多く、気心知れた関係を構築していることも少なくないからです。首相でもこれは同じです。G8サミットについてみると、二〇〇九年のイタリアでのサミットは麻生首相が出席しましたが、二〇〇八年の北海道サミットは福田首相、その前のドイツでのサミットは安倍首相、その前のロシアでのサミットは小泉首相と出席する首相が毎年変わっています（図13）。これでは、他国の首脳と日本の首相が親密な関係を構築することはなかなか難しいと言わざるをえません。

では、具体的に日本の首相の平均在任期間は他国と比べてどのくらい短いのでしょうか。ロシアを除くG8の国々の中で、第二次世界大戦後、もっとも首脳の平均在任期間が短いのは、イタリアです。イタリアでは、戦後六〇年余りの間に、三八人の首相が生まれ、平均在任期間はわずか二〇カ月です。これに続くのが日本です（図14）。わが国では同期間に三〇人の首相が誕生し、平均在任期間は二六カ月です。この二カ国が他国を大きく引き離している（引き離されている）状態です。参考までに他国の例を紹介すると、イギリスでは一三人、六四カ月、カナダとアメリカでは一二人、六四カ月、フランスでは一〇人、七七カ月であり、最長のドイツではわずか八人で、在任期間は九六カ月（八年）です。

後述するように、わが国の今後のビジョンや戦略を策定するには長期的な展望が必要です。政治家には選挙があるため、一般の公務員と比べて相対的に短期的な思考を重要視する傾向が生じるのは仕方のないことかもしれませんが、わが国のビジョンや戦略の策定に当たる最高責任者である首相が一年ごとに交代している昨今の状況が望ましいと言えないことは確かだと考えられます。

主な経済指標

GDP

「今や日本の一人当たりGDPは世界で一八位だから……」。内閣府に勤務するある知人から、ふとした会話のついでにこの言葉を聞いたとき、思わず耳を疑いました。私たちが主に学生だった九〇年代に学んだところでは、日本の一人当たりGDPは世界で五位以内、多少悪い年でも一〇位以内だったと記憶していたからです。もっとも、この驚きを最近の学生に話しても「日本の実力なんて所詮そんなもんなんじゃないですか」「世界中に二〇〇近い国があって二〇位以内ですから、

図13●G8参加首脳

開催年→ (開催地) ↓参加国	2006年 (ロシア)	2007年 (ドイツ)	2008年 (日本)	2009年 (イタリア)
アメリカ	ブッシュ*	ブッシュ*	ブッシュ*	オバマ
イギリス	ブレア	ブレア	ブラウン	ブラウン
イタリア	プローディ	プローディ	ベルルスコーニ	ベルルスコーニ
カナダ	ハーパー	ハーパー	ハーパー	ハーパー
ドイツ	メルケル	メルケル	メルケル	メルケル
日本	小泉純一郎	安倍晋三	福田康夫	麻生太郎
フランス	シラク	サルコジ	サルコジ	サルコジ
ロシア	プーチン	プーチン	メドヴェージェフ	メドヴェージェフ

[＊ブッシュは、43代大統領]

図14●戦後の主要国の首脳の平均在任期間

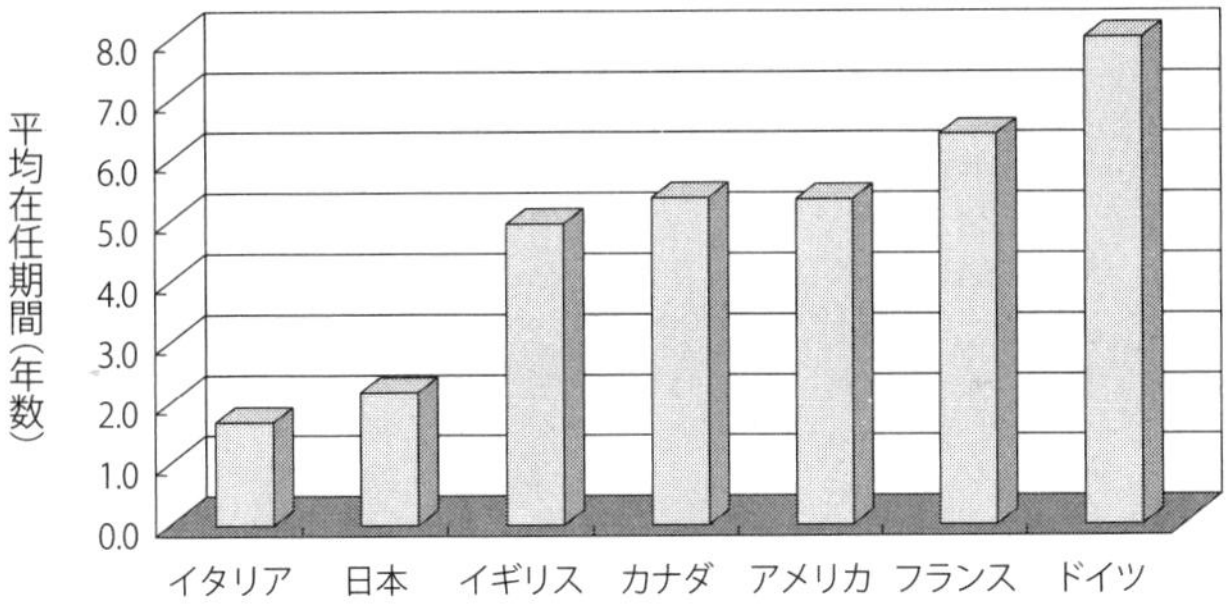

上位一〇%に入っていますね。そんなに悪くないですよね」という反応が返ってくることも少なくありませんが。

二〇〇八年一二月に内閣府から発表された統計によれば、日本の一人当たりGDPは世界で一九位（三四一三二六ドル。名目。二〇〇七年）です（図15）。冒頭の一八位の話は二〇〇六年のデータに基づいていますが、さらに一つ順位を落としたことになります。二〇〇〇年は三位、二〇〇一年は五位、二〇〇二年は八位、二〇〇三年は九位、二〇〇四年は一二位、二〇〇五年は一五位となっていることを考えると、段階的に順位を落としており凋落傾向にあることは確かです。ちなみに九〇年代は絶好調であり、九〇年代を通じて五位以内に入れなかったのは、一九九〇年の八位と一九九八年の六位のみです。

一九八〇年に一七位であったことを勘案すると、GDPに関する限り、相対的地位は絶頂期から徐々に低落を続けて一九八〇年当時に近い水準に戻ったと言えます。

また、同じく内閣府の発表によれば、世界のGDPに占める日本の比率は約九%（二〇〇六年）となっており、この比率についても、一〇年前の一九九六年の約一六%、二〇〇四年の約一一%、二〇〇五年の約一〇%、と漸減して全盛期の約半分にまで落ち込んでおり、明らかに凋落傾向にあると言えます（図16）。なお、一九八〇年は約一〇%であり、このデータからも世界における日本の位置づけは、一九八〇年当時の相対的地位に逆戻りしていると言えます。

図15●日本の一人当たりGDP順位（OECD諸国中）

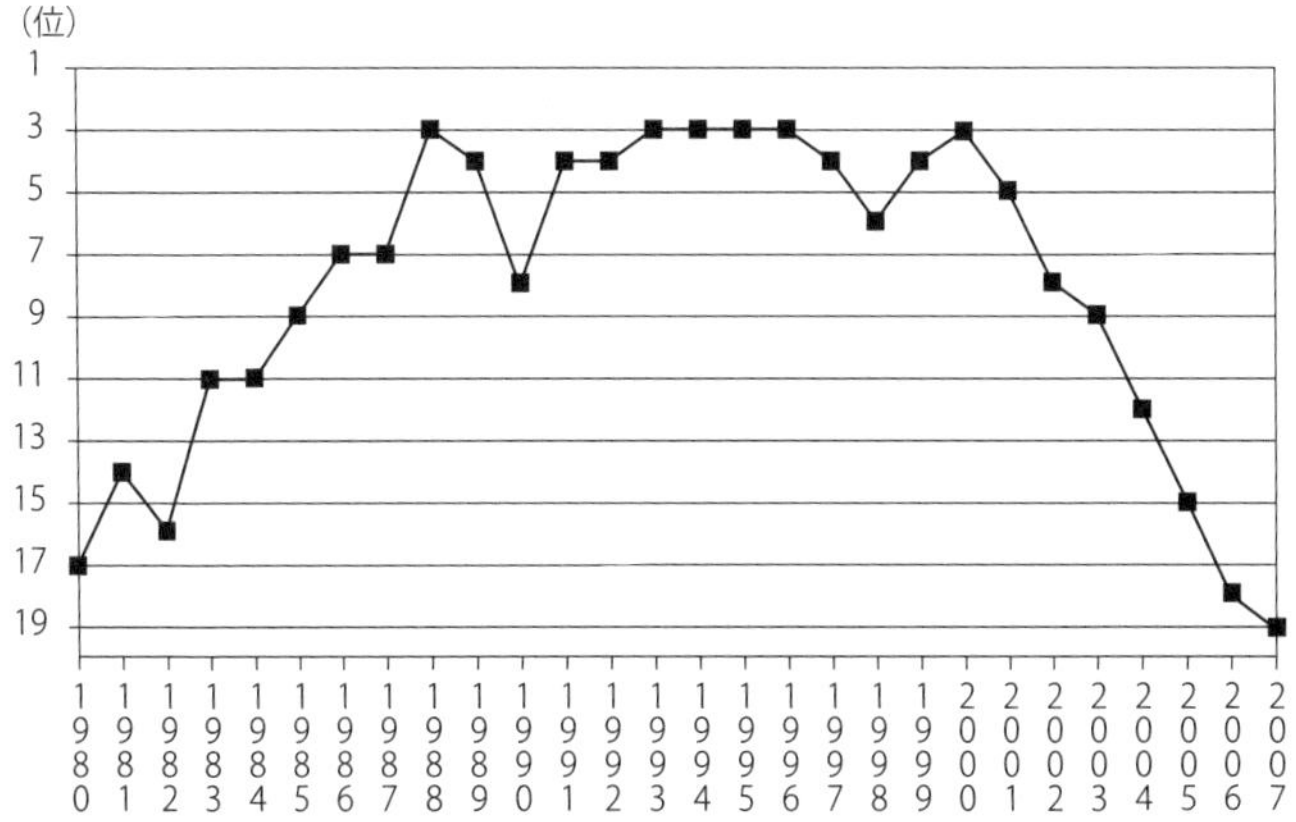

出典：内閣府資料より作成

図16●主要国の名目GDPの世界に占める比率

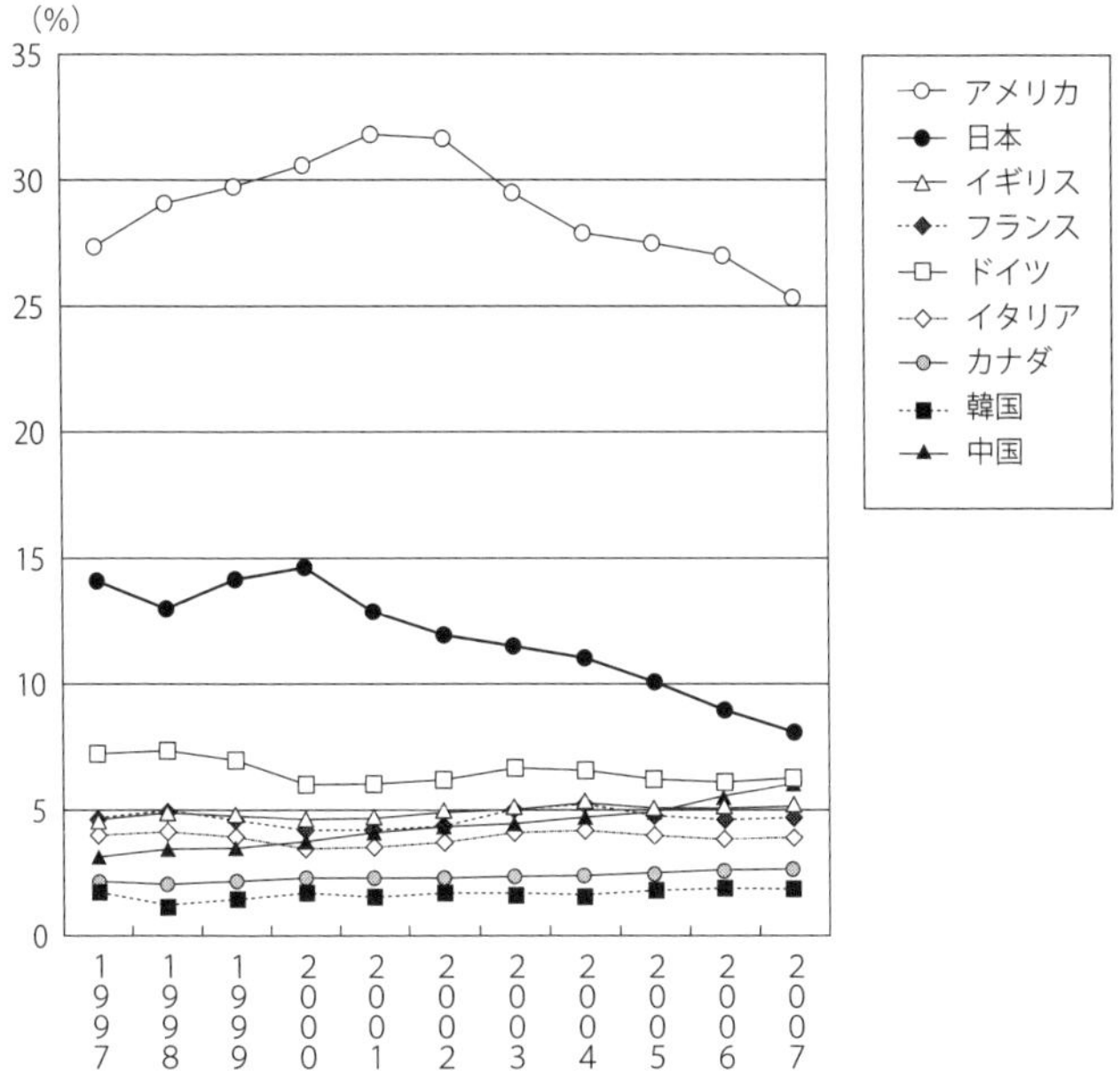

出典：内閣府「平成19年度国民経済計算確報（フロー編）ポイント」

経済成長率

日本の実質経済成長率は、八〇年代の三・八％から九〇年代は一・五％に低下し、二〇〇〇年代（〜〇七年）も一・七％と低迷しています（図17）。今後についてですが、資本や労働が最大限に利用された場合に達成できると見込まれる潜在GDPをベースに潜在成長率を見込むと、経済同友会の試算によれば、必要な改革を怠った場合のケースとして早ければ二〇一〇年代後半にマイナスに転じるとしています。二〇三〇年代前半には改革を行った場合ですらマイナスに転じるとの試算になっています。

実効為替レート

国力のすべてを象徴しているわけではありませんが、自国通貨の「実力」は一つの基準になりえます。日本銀行の統計によれば、ドルやユーロなど一五の外国通貨を対象とした円の実効為替レート*（実質）は、一九七三年を一〇〇とすると現在も一〇〇前後であり、一〇〇をつねに上回っていて一七五近い時期もあった九〇年代から見ると大きく落ち込んでいます（図18）。なお、八〇年代初頭も一〇〇前後で推移していることにかんがみれば、GDPのところで述べた結論と同様に、現在の水準は八〇年時分に戻ったと見ることが可能だと思われます。

＊為替レート面での対外競争力を単一の指標で総合的にとらえる指標。基準時点を決めて指数化する形で算出する。指数が大きくなった場合が円高を示す。

図17●日本の経済成長率の推移

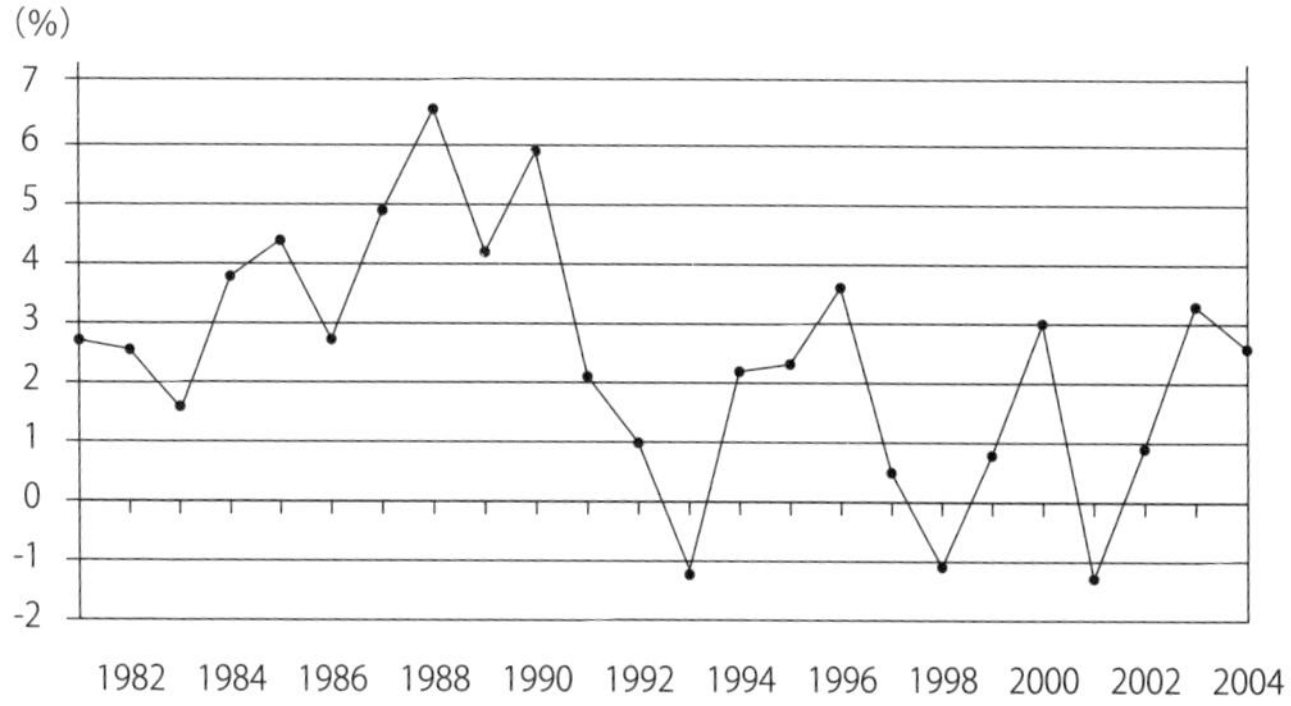

出典：内閣府「国民経済計算」

図18●円の実効為替レート（名目・実質）

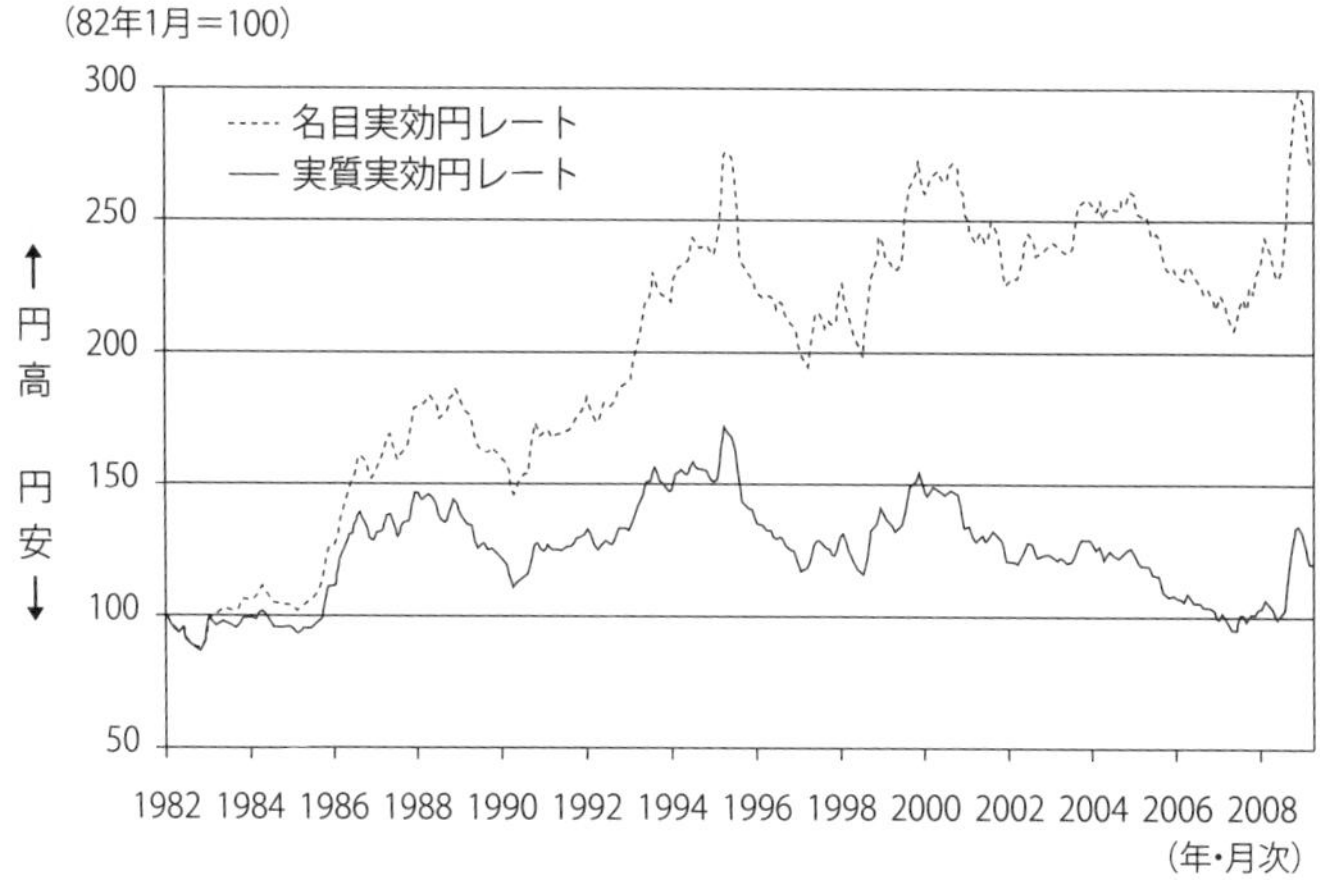

出典：日本銀行「金融経済統計月報」

総合的な競争力評価

競争力ランキング

スイスのビジネススクールであるＩＭＤは毎年国際競争力ランキングを発表しており、世界的に定評のあるデータとして着目されています。日本は、かつて一九九二年には一位になるなど、輝かしい成績を修めてきましたが、二〇〇七年に中国に抜かれてしまったことがニュースになって話題となりました（日本は二四位で中国は一五位）。二〇〇八年には日本は二二位と少し順位を持ち直しましたが（中国は一七位）、子細に見ていくと、四大指標（経済状況、政府の効率性、ビジネスの効率性、インフラ）のうち、特に政府の効率性の悪さが足を引っ張っていることが分かります（政府の効率性の順位は二〇〇七年は三四位で、二〇〇八年は三九位）。中でも、その小分類の財政状況（五三位）、租税政策（二八位）などが悪い指標として目立ちます。

この政府関連部門の競争力のなさは、他の競争力ランキングでも共通する傾向です。たとえば、ダボス会議などを主催して有名なＷＥＦ（World Economic Forum）も毎年、世界の競争力ランキングを発表します。二〇〇八年一〇月には、二〇〇八～二〇〇九年の調査結果が発表されました（図19）が、総合順位は九位と決して悪くないものの、財政赤字は一一〇位、政府予算の無駄遣いは一〇八位などとなっています。政府関係の指標が足を引っ張っていることが如実に現れており、「日本は政府部門が民間の足を引っ張っている」と明確に指摘されています。ＷＥＦはＩＴの活用

図19●世界の競争力ランキング（WEF「2008年版 世界競争力報告」）

総合順位

順位	国	スコア
1	アメリカ	5.74
2	スイス	5.61
3	デンマーク	5.58
4	スウェーデン	5.53
5	シンガポール	5.53
6	フィンランド	5.50
7	ドイツ	5.46
8	オランダ	5.41
9	**日本**	**5.38**
10	カナダ	5.37
⋮	⋮	
12	イギリス	5.30
16	フランス	5.22
49	イタリア	4.35
51	ロシア	4.31

財政赤字

順位	国	スコア
1	クウェート	34.8
2	リビア	40.2
3	アラブ首長国連邦	28.8
4	ノルウェー	16.9
5	ブルネイ	16.2
6	オマーン	13.7
7	サウジアラビア	12.6
8	アルジェリア	11.4
9	シンガポール	9.1
10	チリ	8.7
⋮	⋮	⋮
19	ロシア	5.1
44	カナダ	1.0
58	ドイツ	0.0
86	イタリア	-1.9
95	フランス	-2.4
97	アメリカ	-2.5
105	イギリス	-3.0
110	**日本**	**-3.4**

政府予算の無駄遣い

順位	国	スコア
1	シンガポール	6.1
2	チュニジア	5.5
3	カタール	5.4
4	アラブ首長国連邦	5.3
5	フィンランド	5.1
6	オマーン	5.1
7	デンマーク	5.0
8	香港	5.0
9	アイスランド	4.9
10	マレーシア	4.9
⋮	⋮	⋮
27	ドイツ	4.1
32	カナダ	4.1
37	フランス	3.9
67	アメリカ	3.4
76	イギリス	3.3
82	ロシア	3.2
108	**日本**	**2.8**
128	イタリア	2.2

農業政策のコスト

順位	国	スコア
1	ニュージーランド	5.8
2	シンガポール	5.6
3	チリ	5.1
4	チュニジア	5.1
5	オーストラリア	5.1
6	中国	5.1
7	マレーシア	5.1
8	オマーン	5.1
9	アラブ首長国連邦	5.0
10	香港	5.0
⋮	⋮	⋮
45	カナダ	4.2
66	フランス	3.9
69	アメリカ	3.9
74	イギリス	3.8
84	ドイツ	3.8
92	スペイン	3.7
94	イタリア	3.7
130	**日本**	**3.1**

度の調査なども行っていますが、企業のスコアでは日本はアメリカ、イギリス、フランス、ドイツなどを押さえて先進国中の最高水準にあるものの、政府のスコアはこれら諸国中で最低となっています。

また、日本経済研究センターは、二〇〇七年に五〇カ国の潜在競争力を調査し、ランキングとして発表しています。同データによれば、一九八〇年の六位、一九九〇年の九位の後、たとえば二〇〇〇年には一五位にまで順位を下げ、二〇〇六年には一二位になったものの、二〇〇七年には再び一三位に後退しており、中でも三二位の「政府」は、同順位の「金融」と並んで、八つの分野別では最悪の数字となっています。

第2章　日本を取り巻く国際環境／近代国家の盛衰サイクルから見た日本

第一章では、さまざまな経済指標や社会指標から日本の置かれている相対的な位置づけを主に経済指標や社会指標により定量面から見てきました。第二章では、諸外国の興隆や一次産品価格の高騰といった水平的・空間的視点から、また、幕末・明治維新以降の日本の歴史を振り返るという垂直的・時間的視点から、現代の日本を取り巻く状況を俯瞰的に見ることで日本の現状を考えてみたいと思います。

もちろん、諸外国の興隆については、相対的に日本の位置づけが下がるという示唆が与えられるだけではなく、たとえば、中国に代表される新興国市場が伸びることで輸出依存型のわが国経済が恩恵を受けるといったプラスの効果も考えられます。間接的な効果も含めると、それこそ何通りものシナリオが考えられ、影響にはさまざまな側面があると思います。ここでは、波及効果について種々の仮説を一つ一つ検証するのではなく、よく取り上げられる事象を見て日本の相対的な位置づけを考えるのが趣旨であり、わが国や他の先進国に与える詳細な影響分析は行わないことをあらかじめ申し上げておきます。

諸外国の興隆

イスラム圏の台頭

イスラム諸国は、日本人にとってあまり馴染みのない国々と言えますが、昨今、イスラム圏の興隆が耳目を引くことが少なくありません。たとえば、二〇〇六年に世界のイスラム教徒の人口（約一三億二〇〇〇万人）が史上初めてカトリック信者の数（約一一億三〇〇〇万人）を上回ったことはその好例と言えましょう。今やイスラム教徒の割合は世界人口の約五分の一を占めるまでに至っていることになります。

人口だけではなく、経済における影響力の増大も著しいものがあります。油価の高騰を受けて、産油国が多く集中する中東イスラム諸国においては、いわゆるオイルマネーを原資として多くの政府系ファンドが巨額の資金を運用しています（図20）。その運用規模の実態は必ずしも明らかになってはいませんが、たとえば世界最大の政府系ファンドと言われるアブダビ投資庁は、一説によれば運用している資金規模は一時九〇〇〇億ドルに迫ったとされており、これは日本の年間の一般会計予算を軽く超える規模です。今次のアメリカ発の金融・経済危機の影響を受けていることは間違いなく、たとえば前出のアブダビ投資庁の資金規模は四〇〇〇億ドル弱まで減少しているとのことですが、政府系ファンドは今後も一定の存在感を国際社会において持ち続けることが確実視されています。

また、イスラム圏といえば最近注目されているのがイスラム金融と呼ばれる手法です。これは、イスラム法に則った金融取引・サービスの総称のことで、たとえばイスラム教の教えに従えば金利の受け取りが禁止されていることが有名ですが、イスラム金融においてはこうした禁止事項に抵触しない形で取引が為されます。代表的な形態としては、家屋等の購入代金に充てる資金の融資を金融機関から住宅ローンのような形で受けるのではなく、家屋等を金融機関に購入してもらい、それを後で分割払いといった形式で当該金融機関の購入負担額以上の金額で支払うという方法があります。つまり、通常の私たちの用語で言えばローンを負担する形ではなく、金融機関に対して対象物の購入代金を分割払いすることで利払いを避けるやり方です。こうした取引に際しては、イスラム法に

図20●主な政府系ファンドの資産規模

出典：通商白書2008（経済産業省）及びGlobal Financial Stability Report October 2007（IMF）より作成

関する専門の知識や承認手続きが必要となります。このイスラム金融の市場規模は、現状では概ね五〇〇〇〜七〇〇〇億ドル程度と言われていますが、ここ数年で急激に拡大しています。日本人にはまったく馴染みのない金融手法が、世界で大きく拡大しつつあると言えます。

これらの現象の影響ですが、政府系ファンドは、株式においては短期的売買を繰り返す投機筋に比べて長期的な保有をするとも言われており日本企業にとって安定株主として歓迎しうる存在とも言え、イスラム金融の伸張も資金調達手段の多様化の一助となりえます。ただし、政府系ファンドの現場での運用の多くは実際にはロンドンやニューヨークでのマーケット経験が豊富な欧米人が行っているケースも散見され、ファンドである以上、短期的な成績も無視できるわけではありません。イスラム金融の知識に関しても、イスラム圏と地理的に近い地域はもちろん、他の先進国と比べても、日本人や日本企業はイスラム文化に触れる局面が極端に少なく、劣っていると思われます。

BRICsの急成長

アメリカ発の立て続けの金融危機（サブプライム問題、リーマンブラザーズ証券の破綻など）の影響、グルジア問題などの安全保障上の懸念から、現在、世界経済全体にたれ込めている暗雲を払拭し切れていない状況です。世界各地の株価も回復基調にはあるものの、一時期に比べて軒並み下落しています。しかし、長期的な視点から見た場合、いわゆる新興国の成長はめざましいものがあります。現在の世界的な金融経済危機から抜け出すには、アメリカ市場での需要が「蒸発」してしまった中、それを埋める新興国の需要が一つの鍵だと言われています。

　ゴールドマンサックス証券が作成した論文が火付け役と言われていますが、ブラジル、ロシア、インド、中国の高度経済成長については、これら諸国の頭文字をとってＢＲＩＣｓという言葉も生まれました。たとえば、ＢＲＩＣｓ諸国は一九九七年〜二〇〇六年までの一〇年の年平均実質ＧＤＰ成長率が六％という高成長を遂げており、いわゆるアジアＮＩＥｓの成長率を上回るペースで経済成長を遂げました（同四・二％）。この論文によれば、二〇四〇年にＢＲＩＣｓ諸国の経済規模はＧ７諸国に並ぶとされており、二〇五〇年における経済規模ランキングは、一位：中国、二位：アメリカ、三位：インド、四位：日本、五位：ブラジル、六位：メキシコ、七位：ロシアとなっています（図21）。今般の金融経済危機の影響を見極める必要はあると思いますが、日本の

図21●BRICs諸国と日米のGDP予測

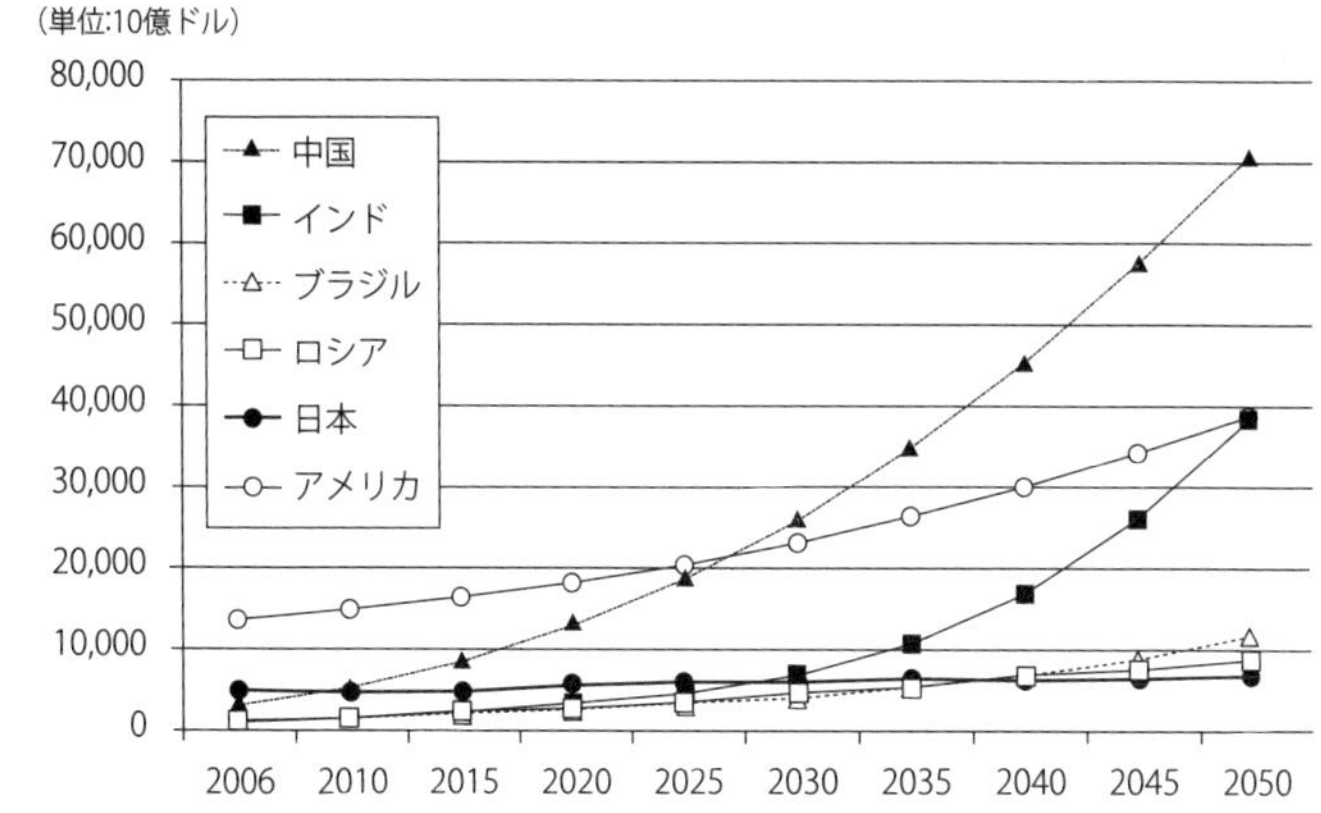

出典：Goldman Sachs “BRICs and Beyond” 2007

相対的な経済規模は、残念ながら低落傾向にあることは間違いなく、国際社会における日本の存在感にも影響を与えることになると思われます。

ＢＲＩＣｓの台頭は、これらの国々の消費市場が拡大することで輸出主導型のわが国経済に短期的には恩恵を与えることが多いと思われます。しかし中長期的には、各種産業、たとえば、中国における造船業、インドの鉄鋼業や自動車、ロシアの原子力の一貫企業、ブラジルの航空機産業などがすでに台頭しはじめており、日本企業の市場支配力に陰りが生じることにもなりかねません。

一次産品・エネルギー資源価格の高騰

鉱物資源やエネルギー資源の自給率が一般的に極めて低い日本は、原料を輸入して付加価値をつけた製品とし、それを輸出することで成り立つ加工貿易国家であるとよく言われます。そうした加工貿易の脆弱性を改めて考えさせられたのが、昨今の油価高に代表される資源価格の高騰でした。「世界は農作物や資源エネルギー等のいわゆる一次産品中心の社会から工業化社会に移行し、やがては金融等のサービス業を中心とする社会に到達する」と疑いもなく信じていた人々に冷水を浴びせるかのように、昨今、資源や農作物の価格が急上昇し、一次産品の輸出国の発言力が増大しています。世界経済の不調などを受けて、金などを除き一般に資源価格は下落傾向ですが、再度急上昇する予想もあり、しばらく価格の乱高下が続くものと思われます。

図22は、原油価格の推移（代表的指標であるＷＴＩ価格の推移）をグラフ化したものですが、実に

一九七三年～七四年のオイルショックの前の水準（バレル当たり三ドル程度）と比べると、高騰に一服感が出てきている現在の水準であっても一〇倍近く上昇しています。

長い時間をかけて日の目を見る薄型テレビのような高付加価値の工業製品ですら、商品化されてしばらくすると激しい競争の中で価格が大きく下落してしまいますが、基本的に人間の努力とは無関係に賦存し、投機資金の流入や世論の思惑で原油価格が急上昇してしまう状況には不条理を感じてしまいます。

石油のような炭化水素資源だけ

図22●国際原油価格の推移

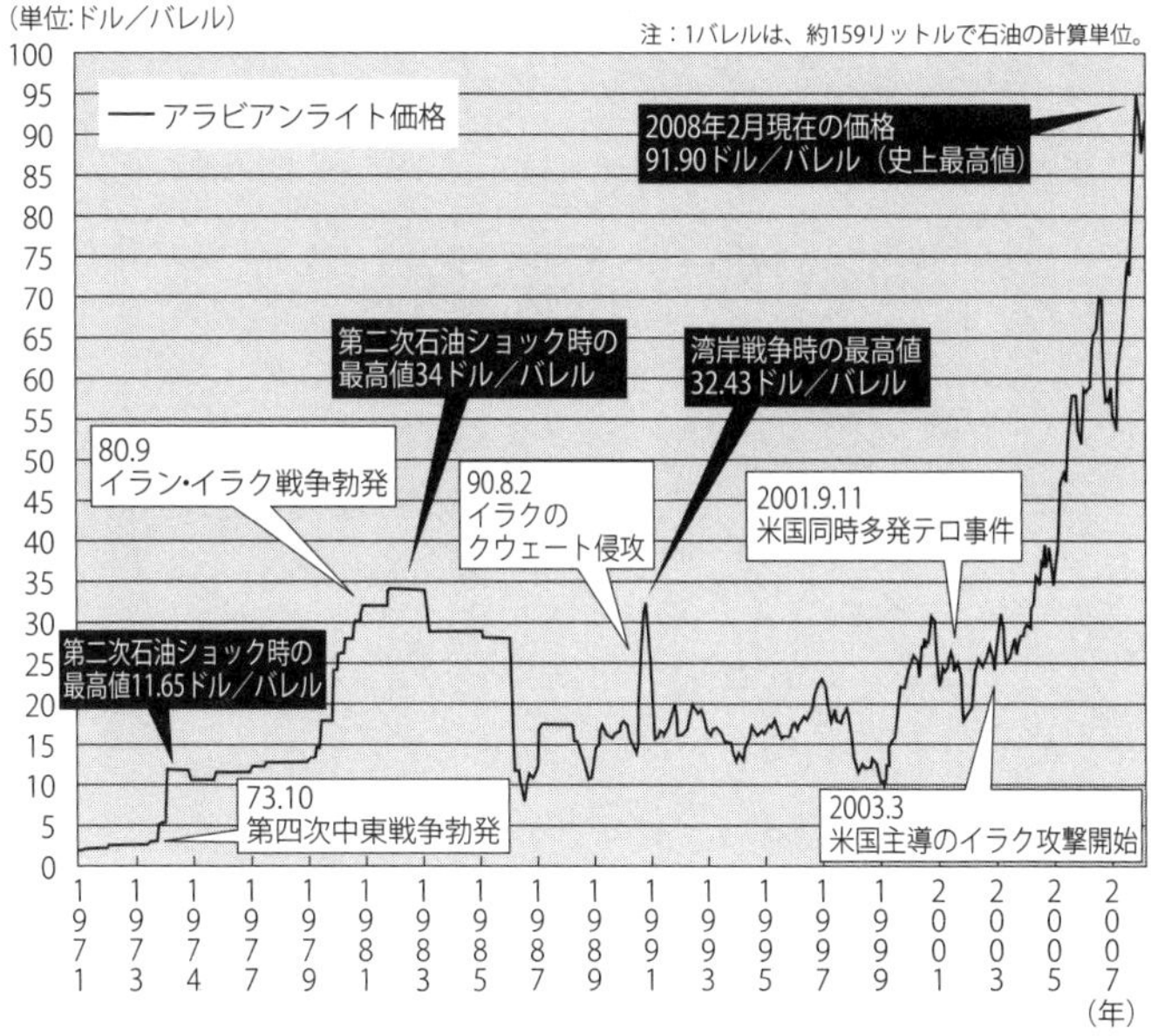

注：1バレルは、約159リットルで石油の計算単位。

出典：資源エネルギー庁

でなく、ウラン等の鉱物資源（図23）、また、バイオ燃料需要の影響もあってトウモロコシなどの食品も、一時期に比べて軒並み大きく値上がりしています。

こうした資源エネルギー価格の上昇の影響も一因となって、資源ナショナリズムが高まってきています。一時は日用品として取り扱われつつあった石油が、再び戦略物資として資源国の強い支配下に置かれる傾向が強まってきています。いわゆる資源の「囲い込み」が進んできていると言えます。

また、資源エネルギー価格の上昇は、上流権益を保有する資源メジャー間での合従連衡も促進しています。世界的な寡占・独占問題が大きくクローズアップされてきました。このような動きは先述の

図23●ウラン価格の推移

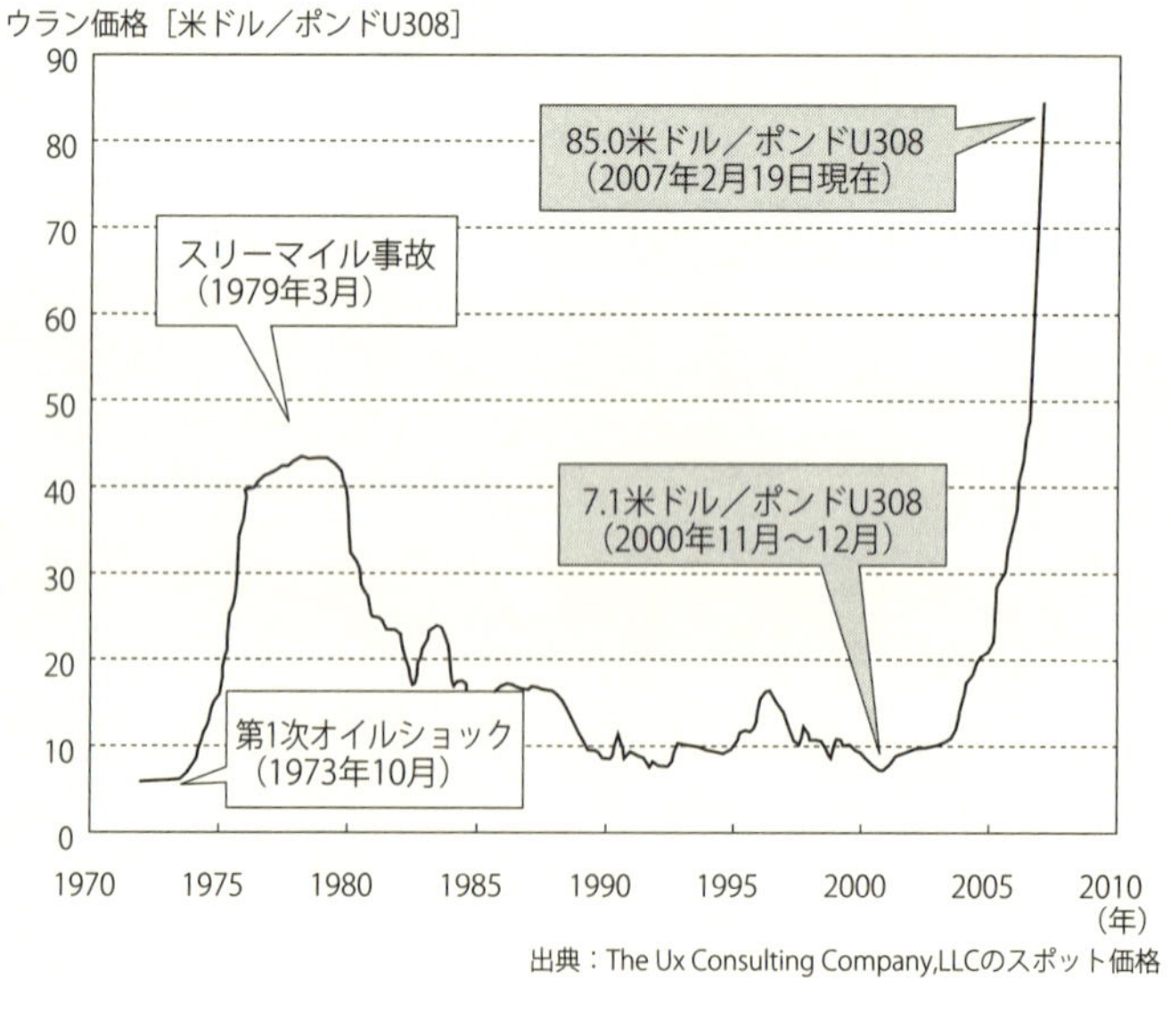

出典：The Ux Consulting Company,LLCのスポット価格

ように資源エネルギーの大半を輸入に頼らざるをえないわが国にとっては大きな打撃です。実際、日本の鉄鋼各社は、鉄鉱石メジャーのＢＨＰビリトンやヴァーレ（旧リオドセ）といった企業に対して、前年比それぞれ八〇％、六五％増という大幅な原料購入価格上昇を受け入れざるをえない事態に一時期追い込まれました。

アメリカ発の金融経済危機以降は、こうした資源高傾向にも一服感が見え、たとえば原油のＷＴＩ価格は、一時期バレル当たり一五〇ドルに迫っていましたが、今は五〇～七〇ドル前後の数字です。ただし、石油価格に関しては、現在の水準でも、歴史的には非常な高値にあることは確かです。新興国の今後の需要を考えれば、中長期的には資源価格の高騰傾向は止まらないという見方も引き続き有力です。

このような先進国からの資源購入資金の流出とは逆に、前に少し触れましたが、相対的に資源国には多額の資金が流れ込んでいます。金融危機の打撃も小さくはないものの、世界に一つしかない七つ星ホテル（バージュ・アル・アラブ）が建設されたドバイの繁栄などが喧伝されているように、中東諸国やロシアをはじめ、資源高の影響で資源国は大きな恩恵を被っていると言えます。グルジア問題などにおける最近のロシアの西側諸国に対する強気の姿勢の背後にも、エネルギー価格の上昇による経済力の向上があると言われています。

近年、日本経済の輸出依存度はさらなる上昇傾向を見せていますが、わが国のような加工貿易型の国、しかもエネルギー自給率がわずか四％（二〇〇四年、原子力を輸入扱いした場合）、食糧自給率もカロリーベースで四〇％弱（二〇〇六年度）しかない国にとっては、原料高による輸入価格の上昇は致命的な事態ともなりかねず、受難の時代が来たとも言えます。

近代日本の盛衰サイクル

近代日本の歴史的推移

具体的な数値によって示すことができるわけではありませんが、近代日本の歴史は、「必要に迫られて抜本的な改革がなされる」→「改革がうまく機能して絶頂を極める」→「やがて目標を喪失し、制度疲労により崩壊へ」→「再び必要に迫られて抜本的な改革がなされる」→……というサイクルで約三五～四五年周期で展開していると言えます。

一八六八年（幕末・明治維新）→一九〇五年（日露戦争勝利）：興隆期（約三七年）
一九〇六年（日露戦争後）→一九四五年（敗戦）：衰退期（約三九年）
一九四六年（戦後復興）→一九九〇年（バブル絶頂から崩壊へ）：興隆期（約四四年）
一九九〇年（失われた一〇年）→二〇〇八年（現在）：衰退期の途中？

これを、たとえば縦軸を国力として横軸に時間を取ってグラフ化してみると、明治維新以降、一九〇五年と一九九〇年に二つの山があるように思われます（図24。もちろん、第一次大戦時の大戦景気を最高潮の山としてみることも可能ですし、あくまで大きなイメージとしての解釈です）。このグラフを参照すると、現在の日本は、ちょうど二つの山を登り終えて、下り坂を下っている状態であると言えます（衰退期の途中）。

二〇〇八年に話題になったＮＨＫ大河ドラマの「篤姫」のクライマックスとして描かれていましたが、一八六八年に、それまで二〇〇年以上続いた徳川家による幕藩体制が崩壊しました。体制を揺るがしたのは欧米列強の有形無形の圧力と言えましょう。当時、尊皇攘夷という言葉が流行し、「開国」などもってのほかで、外国の干渉を拒絶するためにも倒幕が必要という一つの流れがありました。実際に倒幕した後に「攘夷」をしたかどうかはともかく、少なくとも外国勢への「対抗」という観点から抜本的な改革が実施されたという見方ができると思います。

図24●近代日本の興隆期・衰退期

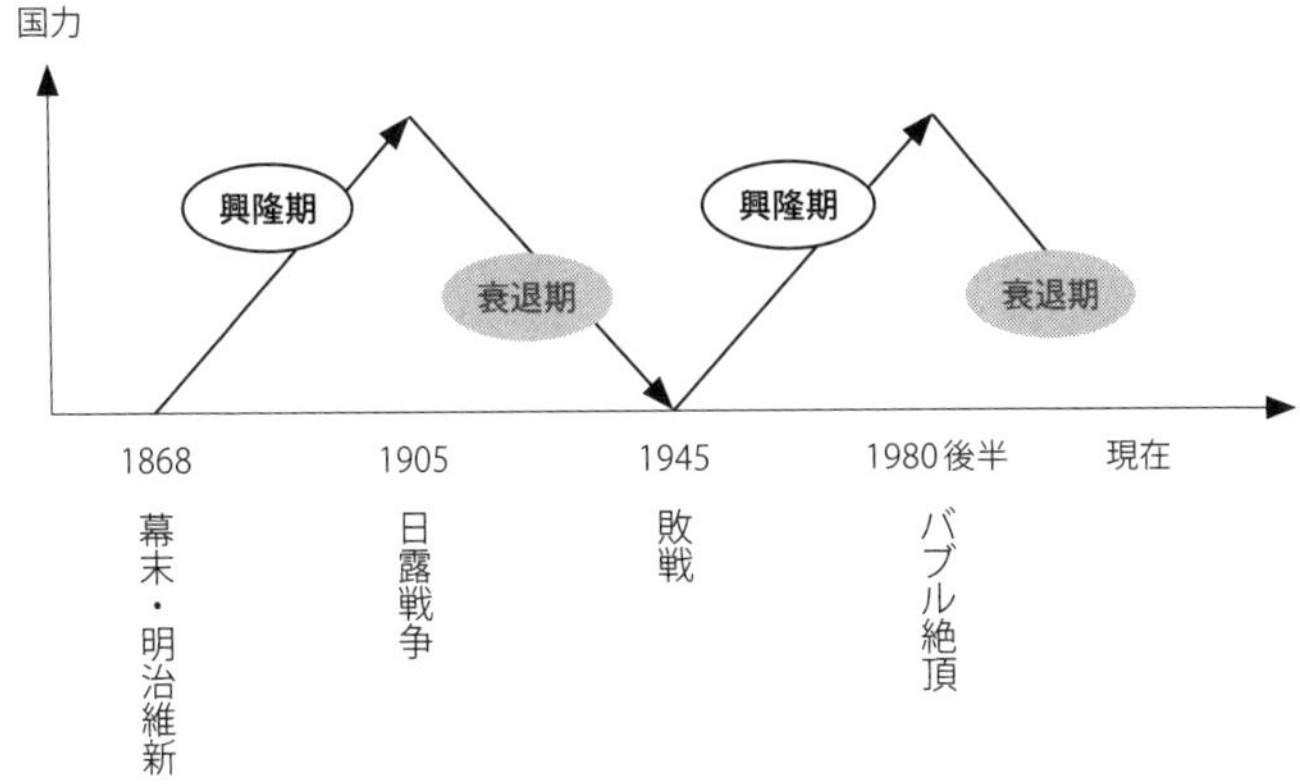

明治維新後は、改革路線に乗って富国強兵・殖産興業などに努め、ついに一九〇四〜〇五年には日露戦争で当時の大国ロシアに勝利し、一流国の仲間入りを果たします。この幕末・明治維新から日露戦争勝利までの約四〇年間は上り坂の興隆期と思われます。

日露戦争勝利後は、日本は世界の一流国として繁栄を享受しますが、その頃から目標喪失感からか、社会が不安定化します。第一次世界大戦の時期には大戦景気なども経験しますが、一時的なものでした。そして二〇年代のたび重なる恐慌や、政党政治の機能不全から終焉を迎え、一九四五年には敗戦を迎えます。この日露戦争後から敗戦までの約四〇年間は、目標喪失から制度疲労による体制崩壊という下り坂の衰退期と考えられます。

敗戦後は、日本は、朝鮮戦争による特需等のおかげもあり、焼け野原から奇跡の復活を果たします。経済的には、石油危機や円高不況などの影響で厳しい時期も経験しますが、高度成長によってＧＤＰで世界二位の経済大国となり、政治的にも日米同盟を基軸にサミット参加国として一定の影響力を有するようになります。その絶頂がバブル景気と言えましょう。戦後からバブル崩壊までの約四〇年間は、上り坂の興隆期と思われます。

バブル崩壊後の日本は金融危機等を経験し、いわゆる「失われた一〇年」の時代に突入します。たび重なる需要喚起型の経済対策も効を奏さず、サプライサイド改革もあまり機能せず、財政赤字が積み上がります。その後、戦後最長の景気拡大を経験するなど、一見経済的には、持ち直したかに見えた時期もありますが、財政、年金、教育、医療といった各分野で制度疲労が見られ、なかなか長期展望が持てない昨今です。現在もバブル崩壊後の衰退期のさなかにあると見ることができます。

——以上、近代に日本の歴史的変遷について簡単に触れてきました。もちろん、歴史の見方は十人十色で、「国力」についての明確な数値データがあるわけではなく、上記は厳密には一つの見方に過ぎません。が、私たちは、結論としては、日本は衰退プロセスの途中にいると見ることが妥当だと考えており、この見方は比較的人口に膾炙したものであると思われます。

第3章　安易な悲観論を超えて

これまで、第一章及び第二章で日本の置かれている状況について定量面、定性面の両面から俯瞰してきました。もちろん世の中の森羅万象に関してすべてデータがあるわけでもなく、一〇〇%納得のいく結論を出すことは難しいのですが、今見てきた代表的な数字や事象だけでも、悪いデータや傾向が目立つことは確かです。特に政府部門の順位の低さは目を覆うばかりです。

加えて、各種の信じがたい事件についての報道が絶えないこともあり、概して元気の出ない雰囲気がわが国を覆っていると思います。徹底した悲観論に立つある人は、これらのデータや聞こえてくる話を元に、以下のように言うでしょう。

「日本の未来は暗い。国民の将来の生活を支えるはずの年金制度は無責任な政治家や役人のせいで破綻寸前の様相だし、年金不安のベースにある少子高齢化は、ベビーブーム世代の影響で少しは歯止めがかかったものの、大勢としては止まりそうもない。他の先進国では類を見ない膨大な借金を抱え次世代にツケを回しつつある財政事情も、根本的改善からは程遠い。

次代を担う子供たちの学力は低下しているだけでなく、教育現場が崩壊している例も少なくないと聞く。雇用機会も大きく減っていて、就業もせず教育も受けていない人々、いわゆるニートと呼ばれる若者も続出している。特に就職氷河期に若者の雇用を吸収しきれなかった日本企業の競争力は、優秀な技術者の引退などにより、一部業種を除いて低落傾向にあるようだ。不景気の影響でリストラ失業もさらに続出するだろう。

経済危機は日本中を覆っているが、大都市圏はまだマシで、特に地方の不景気は、構造改革の影響もあって目を覆うばかりだ。世代間や地域間の格差は拡大の一途に見える。エネルギーや食糧の自給率はそれぞれ四%、四〇%と依然として低いままである。

かつて世界一になったこともあるODAの供与はついに世界五位にまで落ち込み、国連安保理の常任理事国入りも不透明な見通しだ。北朝鮮、中国、ロシアなどの軍事的脅威は増しているが、そんな中でわが国の安全保障を支える日米関係が将来にわたって良好かどうかは微妙だ。日本は、アジアのハブ空港やハブ港湾、金融センターとしての位置づけの獲得・維持どころではなく、もはや東京ですら、アジアの田舎になりつつある。

社会の模範たる政治家、役人、法曹関係者、企業トップらは不祥事で連日頭を下げてばかりいる。自殺者は年間三万人を上回っており、うつ病などの精神疾患も身近になってきた。日本の行く末について明るい希望を持てるはずがない」

ただ、このような悲観論への反論となるデータや現象を挙げる人も少なくありません。たとえば、同じGDPを生むために排出するCO_2の量は、日本は中国の一〇分の一で、アメリカと比べても半分とされています。日本語学習者も世界中で約三〇〇万人となっており、一五年前の一九九三年から倍近く増えています。こうした中、極端な楽観論に立つある人はこう言うかもしれません。

「日本の未来は明るい。日本はとてつもない国だ。バブル崩壊後の『失われた一〇年』と言われた不況を克服し、サブプライム問題やリーマンショックに端を発する一連のアメリカ発の金融危機による一時的冷え込みはあるものの、つい先日まで戦後最長とも言われる景気拡大を続けてきた。

世界中が日本の有する高度な技術、たとえば省エネルギー・環境関連技術やナノテクノロジーに注目している。最近は競争力不足の代名詞だった農産品でも高級化戦略が功を奏しつつあり、輸出が進んでいる。IPS細胞の研究が耳目を集めているが、多くの日本人科学者が世界で活躍しており、ノーベル賞受賞者も増えてきた。

日本のアニメは各国で絶賛され、MANGAはもはや国際語になっているという。原語で漫画を読みたいがために日本語を勉強する学生も少なくないそうだ。音楽家、映画関係者などの芸術家も世界規模で活動して認められており、各種の国際コンクールで高い評価を受けて入賞する日本人も少なくない。日本人建築家やデザイナーも世界中で引っ張りだこになっている。野球のメジャーリーグやサッカーの欧州クラブチームなどが典型だが、若手日本人アスリートが国際的な活躍をしており、オリンピックでのメダル獲得数もアテネで激増し、北京でも比較的高い水準と言える。

悪化しているとはいえ、東京をはじめとする日本の都市での犯罪は、銃の保有が制度的に困難という事情もあって比較的少なく、また、国民のモラルも高いため、日本は非常に暮らしやすいという人が多い。円高ショックの短期的影響はあるが、外国人観光客も増えてきていた。

これまでも、幕末・維新の混乱時や戦後の荒廃からの出発などの危機の際には、志を持った人材が多数登場しており、今後も仮に未曾有の危機が発生してもそのような人材が現れることだろう。日本の未来は明るい」

このように、一応論理的には悲観論と楽観論の両論があるわけですが、私たちが実施している種々の意見交換会などの機会を利用して参加者の方々に日本の将来についての見解をうかがうと、楽観している人よりも悲観している人のほうが圧倒的に多いようです。私たちも、さまざまなデータや傾向にかんがみるに、結論としては、今の日本が衰退傾向にあることは否めないと考えています。見方によっては危機的状況であるとすら言えます。

このことは、繰り返しになりますが、経済指標よりも社会指標において深刻だと考えています。たとえば、壮年期の自殺の多さが目立つ自殺統計、ジリジリと順位を下げている学習到達度調査、二〇五〇年には高齢化率が四〇％を超すとされる人口推移などの社会統計から明らかだと思われます。また、私たちが特に危機意識を抱いているのは、高度成長期の終焉後の目標喪失感や、挑戦よりものんびりと暮らすことが際立っている日本の高校生（青少年研究所発表）といった日本人の現在の心理状況です。もちろん、世界で一九位にまで落ち込んだ一人当たりＧＤＰの推移、二二位になってしまった日本の競争力ランキングなどの経済指標も完全に無視するわけにはいきません。

ただ、私たちの目的は、世間に溢れる「警告本」のように、無用に読者の皆様の危機感を煽ることではありません。失われた一〇年と呼ばれた九〇年代以降、多くの人は「日本の危機」をうんざりするほど聞かされてきており、もはや「危機不感症」とも言うべき状況になっていると思います。また、仮に危機感を持てたとして、対症療法的に、たとえば無理に財政出動をして経済成長率の一時的な上昇を図ることがいかに空しいかは一〇年前の歴史が語っています。

ここで強調したい点は、問題が多いと絶望するのではなく、また逆に、未来は明るいと強弁して浮かれるというのでもない態度、言い換えると、悲観か楽観かのどちらかに極端に偏ることのない姿勢を保つことが重要だということです。たしかに、抱えている問題はたくさんありますし、逆に、明るい材料に事欠かないこともまた事実ですが、このような状態、すなわち悪いところも良いところもたくさんあるという状態は、そのバランスにおいて偏りはあるにせよ極めて当然な状態であり、これまでいつの時代もそうであったし、またこれからもきっとそうであると思います。

したがって、さまざまな問題に打ちのめされてオロオロしたり、あるいは現実から逃避して思考停止したりするのではなく、明るい材料を胸にワクワクしながら未来を信じ、問題の本質に冷静に立ち向かうことが今改めて求められていると考えます。恐怖心からあたふたと動き出したり、現実を直視せずに無理に安心したりするのではなく、遠くを見通して「どうすれば良いのか」についてしっかりと考え、段取りを組んで改善のための具体的な行動を起こすことが重要です。そうした精神を私たちは「チャレンジ精神」という言葉に託したいと思います。

吉田茂は、戦後の国土の荒廃の中で首相に就任する際に、「戦争で負けて、外交に勝った歴史はある」と述べ、連合国軍の占領下という「どん底」の状況にあって、決して絶望することのないチャレンジ精神を発揮しました。現状を敗戦当時の状況と比するのは極端かも知れませんし、正確な対応をしているわけではありませんが、私たちもこの言葉にならい、次のような言葉を掲げて信じたいと思います。

「衰退基調に陥って、英知と実行力で復活した歴史はある」

人間の一生と同様に、国家や社会にも盛衰があることは確かだと思われますが、一見衰退しつつある中で、中興の祖とも呼ぶべき人物が出るなどして復活した国・社会の例は枚挙にいとまがありません。古くは共和制末期の混迷からカエサルやオクタヴィアヌスによる改革を経ていっそうの繁栄を享受した古代ローマ、最近では製造業などの不振から「没落の始まり」などと言われつつも、金融・情報分野等に重点をシフトして世界帝国と言われるまでに復活した八〇年代のアメリカなどがその好例だと思います。世界の強国の仲間入りを果たしながら敗戦でどん底に落ち込み、そこから復活したわが国もあるいはその一例かも知れません。

　こうした復活、再興を支えた基盤として見逃せないのが、社会に通底する「チャレンジ精神」だと思います。絶望するのではなく、また、臭い実態にフタをして無理に笑うのでもなく、問題の本質をとらえ、その問題に対して決してあきらめずに取り組む態度が存在していたのではないでしょうか。

　これまで見てきたように、残念ながら、現在の日本が置かれている状況は、かなり厳しいものがあります。社会指標、経済指標など、さまざまな指標や見方において、もはや日本は野球でいえばBクラス球団になりつつある、あるいはなってしまったとも言うべき状況です。これを何とかするには、まずは社会としての、すなわち国民一人ひとりの「チャレンジ精神」が必要です。明るい希望を持ってやり方を変えたところで厳しい状況には変わりありませんが、欧米に大きく遅れを取っていた明治維新の時期や、第二次世界大戦敗戦後の状況に比べればまだまだ挽回可能であると言えると思います。明治維新後に欧米に派遣され、政治・法律といった諸制度や科学技術など見るもの聞くことすべてに圧倒された岩倉使節団でも、ヨーロッパの「今日の富庶」が始まったのは「僅かに四〇年前」に過ぎないと報告書に記し、遅れを取っている日本であってもやり方によってはすぐに追いつけるという気構えを見せ、現にチャレンジ精神をバネに一流国の仲間入りを果たしました。

ハーバード大学に留学した私たちのメンバーも、開発経済の大家であるジェフリー・サックス教授（現在はコロンビア大学教授）が「明治維新は世界史上の奇跡」ということで一～二回を割いて講義している事実を目の当たりにし、かつての日本人を誇りに思ったものです。

ところが、どうも最近の日本は、このチャレンジ精神に基づく前向きの姿勢が取れていないのではないでしょうか。たとえば、年金問題や財政問題を巡る悲観論については、マスコミの影響が大きいのでしょうが、ヒステリックに問題を強調し、「犯人」をヤリ玉に挙げて溜飲を下げることに終始しているように見えてなりません。あいつが悪い、こいつが悪いという話ばかりが横行して、一方で社会全体としては、どうせこの国の年金や財政はいずれ破綻するでしょうというあきらめ気分が蔓延している気がしています。犯人探しがまったく不要だというわけではありませんが、犯人を見つけたところで、その人のよほど特異な個人的性質に起因する事件を除き、問題の本質が解決されなければ類似の事件が再発することは明白です。求められているのは誹謗中傷ではなく、建設的な議論と解決策の策定、そしてその実現です。

人口に比べて国土が狭く、資源小国であるわが国にとっては、人材という名の「資源」は特に重要であると言えます。手遅れにならないうちに、世間に流布している極端な悲観論／楽観論に翻弄されて一喜一憂するのではなく、問題の本質をとらえ、新たな活路を求めて逃げずに前向きに立ち向かうチャレンジ精神を持った人材が力を合わせてこの国を建て直す必要があります。ラディカル（過激な）とは原義として根本的という含意がありますが、今こそ根本的な（ラディカルな）改革が必要だと思います。

それでは、こうした状況下において、日本はこれからどのような国をめざしていくべきなのでしょうか。第二部ではこの問いについて考えていきます。その中で、私たちの主張する霞ヶ関構造改革の必要性も浮かび上がってくるはずです。

第2部

めざすべき国家像と戦略の必要性

第一部では私たちが現在のわが国の状況をどうとらえているかを説明しました。これを受けて第二部の前半では、私たちがめざす国家像を述べたいと思います。これが霞ヶ関構造改革によって私たちがめざす「ビジョン」ということになります。

もっとも、多くの人は、霞ヶ関構造改革が実現したら自分の生活にどのような影響があるのか、ピンとこないかもしれません。実際、私たちの活動に対しても、「霞ヶ関が良くなることと世の中が良くなることとは関係があるのか」「霞ヶ関改革の前にもっとやるべきことがあるのではないか」という反応がよくあります。

しかし、私たちは、現在の霞ヶ関が抱える問題、特に、国としての総合戦略の不在は、まさに国民生活に大きな損失を与えていると考えます。どんなに優れたビジョンがあっても、それを実現するためには「戦略」が必要です。

そこで第二部の後半では、国が持つべき戦略の意義やその必要性について解説します。その上で、少子化問題を例にとり、戦略の不在やその他の霞ヶ関の問題点が具体的にどのように皆様の生活に悪影響を与えているかを説明します。霞ヶ関の実際の仕事のプロセスなどもご覧いただき、問題の実像と改革の必要性をご理解いただければと思います。

第1章　私たちがめざす国家像

現在の日本は、国としての目標が持ちにくい時代だと言われます。

敗戦後、わが国は、首都東京をはじめとする主要部が焦土と化した状態から「欧米に追いつき追い越せ」をスローガンに高度経済成長を達成し、マクロ経済指標で見れば豊かな国になりました。しかし、経済大国としての地位を確立した後、どのような国家像をめざすべきかについて混乱が生じています。第一部で見てきたように、混乱が長引く間に、経済大国としての地位がズルズルと下がるばかりでなく、自殺率の上昇、子供の学力の低下などが進行している状態です。人口も減少に転じ、大幅な経済成長も望みにくい中で、従来どおりにGDPの極大化を目標にすることの必然性は薄れてきていると考えられますが、一方で経済成長に取って代わることのできる新たな目標が見つからず、結果としてGDPの成長をある意味「仕方なく」「とりあえず」目標として使い続けているのが日本の現状ではないでしょうか。

国のビジョンについては、いろいろな人がいろいろな想いを持っており、さまざまな議論のあるところでしょう。高度経済成長期の流れに沿って、GDPの伸び率を重視した国家運営をすることが依然として国のビジョンであるべきという主張もあるでしょうし、経済的にはとらえきれない自然環境に恵まれるといった豊かさを重視するのも一つの考え方でしょう。ブータンの国家総幸福指標（GNH：Gross National Happiness）のような新しい概念を構築するのも一案かもしれません。

私たちプロジェクトKは、わが国の戦略を策定するためには、めざすべき国家像というビジョンが不可欠だと考えています。私たちは、わが国のビジョンとして、昨今の時代の流れと、国際的・地政学的な動きを勘案した上で、「三つの国家像（協創国家、小強国家及び真豊国家）の実現」を提示し、これを念頭に置いて活動を続けています。

政府の限界と協創国家

私たちが提唱する協創国家とは、「官」か「民」かという二者択一的な議論を超え、官民が協働して通常の企業の収益活動にはなじまないような各種の公共サービスを実施していく国家のことです。

これまで、公共サービスは「官」が担うべきもの、「民」は税金を納める対価としてそのサービスを受け取るという構図が一般的となっていました。しかし、社会のニーズが多様化し、より専門的なサービスが求められるようになる中で、カスタマイズされた多様なサービスを提供する能力が必ずしも高くない政府だけが公共サービスを提供し続けることは、効率面・コスト面・品質面で限界があります。わが国の公共サービス水準が上がっているという実感がない、あるいは税金などの負担感がある一方で政府部門の赤字が膨張し続けていることはその証左でしょう。

このような状況に政府もまったく手をこまねいていたわけではありません。従来の「大きな政府」路線の失敗に対応するため、八〇年代に、民営化により市場原理を積極的に導入する新保守主義などの動きが国際的に台頭しました。「民でできることは民で」との考え方が日本でも取り入れられ、中曽根政権の時代を中心に、国鉄や電電公社の民営化などが実現したことは皆様もよくご存知のとおりです。また先の小泉政権においても大幅な規制緩和とともに郵政事業民営化、道路公団民営化などが実現しています。

公共サービスの効率的実施と質の維持向上の両立という観点から、この考え方は基本的には好ましい方向性であり、今後も維持すべきと考えられます。しかし、今後の公共サービス、もっと広く言えば「社会を良くする」ための官民のあり方をもう一歩踏み込んで考えた場合、「官から民へ」とか「官対民」という二者択一だけではなく、官と民が対等な目線で協力し合って公共サービスを担うことにより、社会をさらに良くしていく活動が求められていると私たちは考えています。このような考え方を、欧米ではＰＰＰ（Public Private Partnership）と呼んでいますが、この欧米生まれの概念をわが国の社会に合うような形にカスタマイズしながら浸透させていくことが重要なのではないでしょうか。

わが国でも、公共サービス内容の検討・取捨選別という段階での「協創」の例として、日本青年会議所が中心となっていくつかの地方自治体とともに行っている市民討議会という取り組みがあります。これは、ドイツ発のプラーヌンクスツェレという手法を基に、行政による施策や計画策定などにおいて、無作為抽出により選定した住民に対し、中立的な情報提供などを経た上で議論してもらい、その結果を施策や計画策定に反映する手法です。

公共サービスの実施段階の具体例としておもしろいのは、隅田川をまたぐ永代橋の話です。一七一九年（享保四年）の洪水で一部が破損した永代橋について、住民たちは幕府に橋の改修工事を願い出ますが、幕府は財政難を理由にこれを拒否、橋の廃止もやむなしと回答します。そこで住民の代表たちは、自分たちで修理をする代わりに、橋の権利を町人に譲渡してほしいと申し出て、幕府はそれを許可しました。住民は集まって議論し、次のような資金調達計画を立てました。

●まず危険な状態にある永代橋の通行を禁止して、渡し舟に切り替え、その渡し賃を橋の工事費に回す
●さらに、その橋が完成したら通行者から一人二文の通行料を徴収し、それを工事費の返済に充当
●通行料の徴収を継続するとともに、橋の維持管理は町人が負担

このように、江戸時代にはすでに、町人たちが公助に依存するだけでなく、受益者負担によってインフラを維持管理しようとする互助・自助の思想が確立されていたことが分かります。さらに「協創」の思想から言えば、橋の改修工事のローン保証だけでも幕府が負担したり、このような管理方

法へのお墨付きを与えたり、優良事例として宣伝したりするなどの協力が考えられるでしょう。

政府が提供する公共サービスに限界がある以上、このように、地域の有志が集まるコミュニティを再興し、コミュニティを通じて市民の社会参加を促すことが重要だと考えます。現在の日本は、残念ながら特に都市部においては隣人の顔が分からないほどにコミュニティが脆弱化しており、またアメリカの個人主義的な側面が過度に影響しているのか「自分さえ良ければいい」という利己的な考え方、他者に対する無関心が当たり前となりつつあるように思います。アメリカでは利己的な傾向は強い反面、ボランティアなどのコミュニティに対する社会貢献も盛んで利己的な傾向を補完しているとも言えますが、日本には社会貢献に取り組むという文化がアメリカほど根付いていないため、問題はアメリカよりも深刻かもしれません。

国家におけるコミュニティの意義、社会に対する市民参加の意義を再考しながら、コミュニティの再興と市民の社会参加を進めること、さらには、コミュニティと行政が協力して「公」的な問題に取り組んで行くことが重要であると考えています。

このような「協創」の思想を浸透させるには、いろいろな方法が考えられます。たとえば、官の側が、民の側と議論する頻度を増やすことはもちろん、いっそうの情報公開に努めるとともに、中途採用などを通じて内部に各種の人材を取り入れることも必要です。一方、民の側は、公共サービスの担い手としての自己責任を自覚するほか、企業におけるＣＳＲ（企業の社会的責任）意識の向上、ＮＰＯやシンクタンクの能力強化など、責任を持って自らの関与を強めていくことが重要ではないでしょうか。同時に、官民が集まったは良いが、百論噴出で何も結論が出ないというのも困りますので、判断や決断をするためのリーダーシップを担保する仕組みが必要になります。

「公」を担うのは「官」だけではありませんが、その一方でどんどん「民」に移せば良いという単純なものでもありません。「協創」の思想の下、いかに国民の効用を最大化する形で官民が協力できるかがもっとも大切であり、わが国がめざすべき一つのビジョンたりうると考えています。

グローバリゼーションの進展と小強国家

小強国家とは、民間や市場などに任せられるところは任せることにより政府の規模を最小化しながらも、国家全体としての大きな方向性をどう民間に示していくか、市場におけるルールをどう設定するか、あるいは、民間や市場では補いきれないリスクをどうすべきかなどの部分については、断固たる意思を持って国家レベルで戦略を練る国家のことです。

日本を取り巻く近年の大きな環境変化として、グローバリゼーションの大幅な進展を否定する人はいないでしょう。現代のように、個人レベルでも自由に海外との往来ができるようになり、電子メールや電話で容易に国際的なコミュニケーションができるようになったことは革命的な変化です。国家という枠を超えて個人や団体が自由に海外と交流する時代が到来したことにより、中央政府がカバーする国際的な業務分野は縮小しているのです。

一方で、引き続き国が担うべき業務、つまり国家全体の方向性の提示、市場ルールの設定、過大なリスクのヘッジなどの業務に限れば、国が果たすべき役割は小さくなるどころかむしろ重要性を増しているのではないでしょうか。特にグローバリゼーションの流れの中で各国間の競争は激しさを増しています。資源・エネルギー・食糧の獲得競争や地球温暖化問題に関する交渉などが典型ですが、アメリカも欧州諸国も中国も、自国の代表的な企業が有利になるように国レベルでの働きかけを強めたり、国際ルール設定の場でしのぎを削って交渉をしたりしています。

このような国同士の戦いに敗れ、自国に不利な国際ルールを押し付けられたりすれば、他国との熾烈な国際競争を繰り広げている産業界への悪影響が考えられるほか、エネルギーコストの上昇などの形で国民一人ひとりにまで影響が出てくる可能性もあります。

逆に、太陽光発電や風力発電などの新しい産業分野で民間企業を支援する方針を明確に打ち出し、技術開発を促進することなどを通じて、次の数十年間のわが国の稼ぎ頭となってもらうよう初期的なリスクを一定程度負担することも国の役割でしょう。

わが国が他国との比較優位にあるのは、「人」とものづくりの「技術」です。「人」とは、日本人のほぼだれもが「読み・書き・そろばん」をできるという一般的な教育水準の高さ、チームワークで圧倒的な強さを発揮できるという協調性の高さ、そして勤勉性を挙げることができるでしょう。また、「技術」とは、ある発明を基にそれを極限まで応用・進化させていく力、そして開発したものを正確に量産していく力において、わが国は国際的に見ても抜きん出た存在であると言ってよいでしょう。この二つの比較優位を認識した上で、卓越した人材を持続的に輩出し続けるための教育、高い技術力、特に環境分野やエネルギー分野における技術力をさらに高めていくための資源の集中投入を行い、それらをわが国だけでなく国際展開することにより、大きな国益をもたらすと同時に、世界の資源活用効率を高め、ひいては国際平和の実現に貢献し、国際的なリーダーシップにつなげていくべきだと考えています。

このように、民間がカバーする国際的な業務範囲が増大しているからこそ、国際的に有利な、少なくとも不公平のない形で民間部門を国際的な戦いに送り出すため、国が負う責任はますます大きくなっているというのが実感です。国として、国益を国際社会に対して強く主張していくことが、国民からの信頼という意味でも、あるいは揺るぎない信念のある国としての国際社会からの信頼という意味でも、今後ますます必要になってくると考えています。

増分主義の終焉と真豊国家

日本を取り巻く三つ目の大きな環境変化は、右肩上がりの経済成長期が終わったということです。高度経済成長やバブル景気を経て、今や低成長、さらには人口減などが影響してマイナス成長時代に突入することも覚悟しなくてはならない状況です。

では、私たちの将来はお先真っ暗なのでしょうか。経済が大きく成長しない中、苦しく辛い生活を続けていかねばならないのでしょうか。私たちの答えは「NO」です。

現在、わが国はアメリカに次ぐGDPを誇っていますが、日本が真に豊かな国か、本当に幸せな国かと問われて「YES」と即答できる人はそれほど多くないのではないでしょうか。少子高齢化や格差問題の深刻化など将来に向けた不安感に加え、日本社会の過度のまじめさとそれに伴う非効率性がわが国を世界でも有数のストレス社会にし、自殺率を高めるなど心の豊かさを失わせている側面があるのかもしれません。第一部で述べたとおり、わが国のGDPの大きさが必ずしも人々の幸福度に直結していないのです。

私たちは、経済停滞期のこれからの時代、真の豊かさを何に求めていけば良いのでしょうか。どのような要素に豊かさを実感するのかについては個人個人で異なるため、この問いに答えるのは大変難しいのですが、まずは個人の選択肢を増やすことが重要になるでしょう。しかし、個人の選択肢を増やすとはいっても、各自のニーズは多様化しており、画一的な行政サービスの提供が基本となる政府がそれらすべてに対応することは不可能です。たとえば、世の中にはより多くの金銭的富を築くことに豊かさを感じる人がいる一方で、自給自足に近い暮らしに豊かさを感じる人もいます。家族のために時間を多く確保するために育児休暇制度の強化を求める人もいれば、仕事に時間を割きたいので保育施設を増強してほしいという要請もあるでしょう。このように、人によってイメージする豊かさが異なる上、そのイメージはどんどん細分化しています。

したがって、国は自ら多様なニーズにすべて応えようとするのではなく、多様なニーズに対応できる担い手としてのNPOやベンチャー企業などを支援する形を採ることが適切と考えられます。たとえば、育児休暇制度の強化や保育施設の整備は国でもある程度は実現できますが、NPOなどが保育事業を行い、それを国が法整備などで支援することも必要です。

また、各企業・地方自治体においても顧客や市民のニーズに応え、その効用を高める商品・サービスの実施はもちろんのこと、CSRの一環として各企業の強みを活かした社会貢献を強化することを通じて、社会における豊かさの総和を増大することもできるはずです。さらに、雇用している社員が豊かさを実感することは、企業にとっても有益な面があるはずです。たとえば、育児休暇やフレックスタイム制度、在宅勤務の拡大などを行うなどそれぞれの社員が働きやすい環境を整えることは、社員の意欲の向上と離職率の低下、業務の効率性の向上など企業にとっての中長期的な利益にもつながると考えられます。コストとのバランスを考えた上でどこまで社員の効用を上げることができるのかを追求する姿勢も重要でしょう。

ニーズの担い手を民間企業に求める一方で、高度経済成長期における成功体験に基づき、わが国は戦後長らくの間GDP成長至上主義を貫き、現代においても生産者優位・消費者劣位の画一的な社会構造が残っているため、主流でない選択をすると安心が必ずしも担保されない状況となっています。また、多様なニーズに応えるNPOやベンチャー企業などの民間主体の中には、消費者の安全をきちんと担保しないで商品・サービスを扱うケースも生じえます。

たとえば、わが国では一週間のうち五日間働くことが主流であり、この主流に従っている間は雇用も給料もある程度保障されることになります。しかし、家族や社会活動の時間を創るために週休三日にしてほしいと主流でない要求をした場合、それが認められる会社は世の中にどの程度あるでしょうか。聞く耳を持たない会社、クビにすると脅す会社、正社員待遇は続けられないと回答する会社などがほとんどではないでしょうか。また、別の例として、市営プールの管理を民間企業に委託した結果、利用時間は延びたもののプールでの安全管理に問題が生じたというようなケースも考えられます。

ニーズの担い手を広く民間に求めつつ、国民の安全・安心の確保のため、国として、最終的なセーフティネットを確保する役割は引き続き重要です。

個人個人の価値観に合わせて多様な選択ができる社会、どのような選択をしようとも過度の不利益を被ることのない安全・安心な制度の構築を通じて国民一人ひとりが豊かさを実感できる社会、真に豊かな国を築くことが、これからの日本社会の最大の課題の一つであり、私たちはこれを国家ビジョンの一つとして掲げたいと思います。

第2章　めざすべき国家像を実現するための戦略

戦略とは何か

戦略（Strategy）の辞書的な意味は「戦いに勝つための大局的な方策」です。言うまでもなく、元来軍事的な意味で使われていた用語で、語源としては、方面軍の司令官から転じて国家戦略官と訳されることの多い、ギリシア語の「ストラテゴ」から派生した言葉です。

軍事・安全保障の世界では、この言葉の意味は多様に解釈・使用されていますが、本書では、組織改革などの企業経営の分野で現在一般的に用いられている「全体的な方針」「戦術レベルの上位概念」として考えたいと思います。

めざすべき国家像を実現するための戦略を構築する上で、考えなければならない論点が二点あります。すなわち、①だれが戦略を策定するのかという論点と、②どのような戦略を策定するのかという論点です。

だれが戦略を策定するのか

本来、国家戦略は国権の最高機関たる国会に政権与党が提案して最終的に承認されるべきものであるという考え方もあります。選挙で選ばれた国民の代表たる国会議員、政党政治を前提とすれば政権与党がその戦略を国会に諮って決定し、行政府にその執行を委ね、きちんと執行されているかどうかを監視すべきというのが一つのあるべき姿でしょう。実際、各政党は近年マニフェストを策定し、政権与党になった際の戦略を公表しています。

一方で、そのようなマニフェストは主に選挙対策のために作られており、どうしても直接票に結びつくような短期的な視点に立ち、かつ、国民に新たな負担を求めるようなことが極力抑制され、国民の便益につながるような美辞麗句が総花的に並びやすい傾向があります。

衰退期の日本を建て直すために長期的視点に立って、総花的ではなく優先順位を意識し、場合によっては国民に新たな負担をお願いすることも含めた大きな戦略を策定・実施するため、私たちは、首相以下の行政府が重要な役割を果たすべきであると考えています。対外的にも、日本を代表して国としての政策を主張し、実行していくのは行政府の役割であることに変わりはありません。

仮に、各政治家が個別の政策立案に今より格段に時間を割けるようになったり、あるいは各政党に巨額の政策立案のための資金が集まることでシンクタンクとしての機能が高まったりしたとしまず。それでも霞ヶ関には、政治家や政党が策定した政策の詳細のルールづくりを行ったり、それらを着実に実行する主体として役割が残るでしょうし、政策実行の観点から、専門的な知見を活かして戦略の策定に意見をフィードバックする役割も依然として小さくないはずです。なぜなら、社会問題化した社会保険庁における業務執行上の破綻が典型ですが、制度が厳然と存在していてもその建前と実態がずれてしまっている例は枚挙にいとまがなく、いくら法令や指示が整っても、その本旨どおりに実施されなければ無意味になってしまうからです。

また、NPO法人などの参画により政策立案機能を持つ主体が多様化しても、霞ヶ関との政策競争や協創が起こるほうが望ましいはずですし、さまざまな意見を持つ主体の調整を図る場としての霞ヶ関の役割は残るでしょう。

つまり、だれかが首相としてこの国の建て直しを任されたとして、まずリーダーシップを発揮して指示を下し、国のために最大限稼働させる対象は霞ヶ関なのです。霞ヶ関を仕組みとして機能させないことには、国としての戦略を立てることもその中身を実施することも困難であり、今後も国家戦略の策定・実行に関しては、首相の下の公共インフラとしての霞ヶ関が実務的な役割を担うべきであると考えています。

どのような戦略を策定するのか

めざすべき国家像を実現する上で、私たちが考える「戦略」の要諦を示せば、①長期性と総合性、②明確な優先順位、③実現性の三点となります。

①長期性・総合性

前述のとおり、戦略の定義は「戦いに勝つための大局的な方策」ということになりますが、そのうち、特に「大局的」という部分が要諦になります。「戦略－戦術－戦闘」の区別はよく言われることですが、私たちも、わが国が国家ビジョンを実現するために、この三段階を意識することが適切だと考えています。

まずは、組織全体のビジョンに基づき、それを実現するためのより具体的・中長期的な方向性を打ち出し、それに見合った組織体制を構築するのが第一段階（戦略レベル）。次に、構築された組織体制内で、部署単位やチーム単位での実行力の最大化をめざしたミクロの体制を構築することが第二段階（戦術レベル）。最後に、そのようなミクロの部署やチームのパフォーマンスを最大化する形で個々人の「戦闘」能力の引き上げを図るのが第三段階（戦闘レベル）となります。組織の大きさによって戦術レベルの階層が一つだったり、複数存在したりすることはありえるでしょうが、戦略とは最上位の概念であり、時間的には一〇年以上の長期にわたって対象全体を包摂するべきものです。それゆえ同じビジョンを有する者の集まりにおいて戦略は一つしか存在せず、すべての戦術及び戦闘は、戦略の方向性に反するものであってはならないはずです。

戦略が有する総合性という特徴について、これを国に当てはめて考えると、およそ戦略という言葉を使う場合には、仕組みを変える場合であれ、ある特定の政策を練る場合であれ、国の取り組み全体を包摂するべきもの、少なくとも全体を本格的に考慮した上で構築されるべきものであると考えます。

霞ヶ関では、頻繁に「○○戦略」と名の付いたものを目にします。たとえば、ある省庁を中心に「小さな政府」を想起させるような「戦略A」が提示され、その「戦略A」との整合性をあまり意識しないまま、別の省庁を中心に福祉の大充実、すなわち「大きな政府」を前提とするような「戦略B」が提示されたとします。それらが財源その他で一応矛盾はしない形で足し上げられていたとしても、本質的な意味での戦略ではなく、戦術の寄せ集め、霞ヶ関用語でいう「ホッチキス」と呼ばれるべきものであると言えましょう。これを企業に即して考えれば、各省庁の出す戦略は、各営業部などの出すアクションプランであり、明らかに戦略ではなく戦術に当たるものと思われます。戦略は、人数や予算の規模で包摂する範囲が決まるものではなく、対象が数十万人であろうとも、あくまで全体性が要求されるべきものだからです。

企業でも、特に危機の時代にあっては、財務部や人事部が了解しているからということで各営業部の戦術がそのまま足し合わされて企業全体の戦略になるわけではありません。戦略は本来、リーダー主導でトップダウン式に提示され、実行されるべきものです。

このような考え方に立てば、霞ヶ関で戦略を構築するところは、組織全体を包摂する閣議ということになります。政権の全体施策は取締役とも言うべき閣僚(＝大臣)たちの了承、すなわち閣議決定・閣議了解を経て、内閣全体の方針として実現されるからです。前述の各省庁のつくる「戦略」も閣議決定を経ることが通例なので、霞ヶ関全体を勘案しているという意味で「戦略」性を一応担保しています。しかし、実際にはその戦略構築の司令塔とも言うべき閣議は、毎週火曜と金曜に一五分程度、長くても三〇分程度開催されるだけであり、事後の閣僚懇談会などを合わせても大した時間ではありません。しかも、数多くの閣議決定・閣議了解について各大臣が率直に議論する時間というよりはセレモニーとしての要素が強く、実際には議案に署名する作業に多くの時間が割かれています。

こう書くと、内閣総理大臣を含む各大臣は、「征韓論を巡って大激論を交わした明治初期の参議たちのように、もっと膝を突きつけ合って真剣に戦略を議論すべきではないか」というご批判も出てくるかもしれませんが、各大臣は何も業務を怠っているわけではありません。各省庁の所掌事務や国会対応、国会議員としての政務に忙しく、分刻みのスケジュールに追われているため、全体戦略の構築に関与している余裕がないというのが実態なのです。つまり、各省庁の大臣は、本来は「国務大臣」として国政全体を見渡す立場と、分担管理制の下で〇〇省を担当する「〇〇大臣」という二つの立場があるわけですが、後者だけで手一杯であり、なかなか長期・広汎にわたる全体戦略を検討・議論する余裕がないと言えます。

この結果、長期性・総合性は無視され、戦略なき戦術が幅をきかせてしまう状況に陥っています。これでは、大きな政府をめざすある省庁の戦術と、小さな政府をめざす別の省庁の戦術が併存するという、個別戦術としては間違いとは言えないのに全体としては整合性に疑問が残る「合成の誤謬」

を生み出しかねません。

このような問題意識に立ち、私たちは、閣僚たちが本来の「国務大臣」として国家全体の戦略についての議論ができるよう、その手足となり頭脳となるスタッフたちを確保すべきであり、そのための仕組みが必要であるとの信念を持っています。これを具体化したものが、次の第三部で詳述する「総合戦略本部」なのです。

また、戦略構築の機関としては、内閣官房や内閣府、特に経済財政に関しては経済財政諮問会議があるではないかとの意見も考えられます。しかし、残念ながら内閣官房など政策の調整機能を担う部署の多くは任期二~三年程度の各省庁からの出向者の寄り合い所帯となっており、省益を超えた長期的・総合的な視点から戦略を策定する機関とは言い難いのが実情です。

私たちプロジェクトKのメンバーの中にも内閣官房などへの出向経験者がおりますが、そこでは、出向者同士が省益を完全に乗り越えて真剣に大所高所からの議論をして戦略を策定することは困難であり、そのような議論を持ち出しても「何を理想論ばかり言っているんだ」と封じられることが多くありました。出向者たちが、出向先の組織に骨を埋めることはないのが通例ですし、互いに出身母体が異なるため、そもそも議論の出発点が違うのは当たり前と考えているからです。こうした出向者たちは、他の霞ヶ関の部署同様に極度の残業もいとわずに一生懸命に働いてはいますが、戦略という用語が本来持つべき意味に即した形で仕事を進められることは稀です。

また、経済財政諮問会議については、たとえば安全保障分野が対象外であるなど、戦略が本来有するべき「総合性」という観点からは不十分な組織です。同会議について、私たちは以前から「内閣総理大臣が意識的に同会議を活用し、かつ、実力のある政治家が担当大臣として就任しているうちは機能するが、機関として制度的に機能する体制になっているとは言えない」という趣旨の指摘をしていましたが、安倍政権以降は残念ながらそのとおりになってしまったと見る向きは多いようです。

そもそもわが国のいわゆる「政策統合機関」は、中央省庁再編前に存在した経済企画庁にしても国土庁にしても、戦前の内閣調査局などの機関にしても、誕生する際にはトップダウンで政策調整を行う組織として鳴り物入りで設置されるのですが、やがては単なる「器」と化し、関係省庁間での「器」を巡る陣取り合戦になる傾向があります。たとえば、かつての国土庁は、建設省や運輸省などがバラバラに国土開発を行うことを避けるべく誕生し、創設当初は政治的調整力の高い金丸信氏（故人）が国土庁長官に就いていた時代もありましたが、やがて建設省や大蔵省の「植民地」と見なされるようになってしまいました。

こうした内閣官房などの状況、あるいは歴史的に見た場合の各種政策統合機関の行く末から判断して、わが国の司令塔は「財務省（旧大蔵省）」であると言われることがあります。実際に内閣官房などにおける枢要なポストは財務省の出向者で占められているという見方も可能です。しかし、財務省も、比較的全体最適を意識しやすい位置付けの組織であるとはいえ、基本的に支出の削減という「省是」があることからして、総合性を担う組織とは言い難いものがあります。予算の査定は各省庁からの要求・要望を削減することが主たる観点となっており、実際にそのような査定実務を行うのは各省庁別に縦割りで働いている主計官と主査であり、省庁の壁を越えて予算配分を大きく変更することができない仕組みとなっています。財務省が、全体を見渡した総合的な判断に基づいて、要求がない項目について要求させたり、独自の試算に基づいて要求以上の額を付けたりするということもほとんどありません。また、長期性という観点からも、予算は単年度主義が大原則となっており、査定においては、一部の例外を除いて翌年度のことまでしか視野に入っていません。

以上のような現状から考えて、戦略の総合性をきちんと担保するためには、長期的視点に立脚し、たとえば予算制度などといった個別の課題だけではなく、組織・人事・業務など霞ヶ関のあり方全体をカバーする「総合戦略本部」が必要であると考えます。

②明確な優先順位

戦略を立てる上でありがちな失敗として、「あれもこれも盛り込んで焦点がぼやける」ということがあります。企業の戦略立案に際して「選択と集中」ということが強調された時期がありましたが、限られた人的・物的資源のことを考えず、事業拡大のために何でもかんでも経営戦略に盛り込んでしまいがちな状況を批判して生まれてきた言葉と考えることもできます。

現在の日本も「選択と集中」が強調されていた時期の企業の状態と似ています。人口、特に生産人口の大幅な減少が見込まれ、一方で財政赤字が激増してしまった状況の中で、景気対策、社会保障、公共事業、地方財政など国家行政には、よりいっそうの人的・財政的負担が期待されています。しかし、「何でもかんでも、とにかく頑張ってきちんとやります」では戦略たりえません。高度経済成長期のように、政府の予算も右肩上がりだった時代であれば、重要な施策は全部やるという姿勢はむしろ望ましかったと言えますが、現在の霞ヶ関では、予算や人員の要求可能枠も厳しく、あれもこれもやるということができなくなっているのは明らかです。それにもかかわらず、各省庁の重点施策を読んでみると、現在でも局部の数と同数かもっと多くの「重点事項」なるものが記載されています。基本的には右肩上がり時代と同じく、全体の容量が増えることを前提として各部署が部分最適の極大化を求めてしのぎを削り合うという体制が、いまだに続いているのです。

もちろん、行政は民間と異なり、国民間の公平性も強く求められるほか、費用対効果のみでは物事を測れない場合もあり、選択と集中を実行するのは口で言うほどたやすい作業ではありません。しかし同時に、大きな権限を持つ内閣総理大臣や各大臣、霞ヶ関の幹部は、戦略に盛り込まれる内容をビジョンに基づき取捨選択し、その取捨選択に伴うリスクや責任を背負う義務があるのです。特に「捨てる」リスクを回避するトップが続いている結果、本当に必要な取り組みが国家戦略において十分取り上げられていないことが最大の問題と言えます。残念ながら、現在の行政には、各省庁の政策を総合的に俯瞰して優先順位を明確にするというトップダウン的視点が不足していると言わざるをえない状況です。

現在、「地域・生活者起点で日本を洗濯（選択）する国民連合」（略称：せんたく）などがマニフェスト推進運動を強力に進めています。近い将来、マニフェストで重点施策の優先順位が明記され、その総花的ではないマニフェストを掲げて選挙の洗礼を受けた政権担当者が、国民に約束した優先順位を堅守して政策を実行するという体制の確立が期待されます。そのような流れに沿った霞ヶ関の体制が、新たに構築される必要があるのではないでしょうか。

③実現性

「絵に描いた餅」という言葉がありますが、組織におけるビジョンやその実現のための戦略が現実離れしている場合、又は、良い戦略が策定できてもそれを実行するための手段をしっかり考えていなかったために戦略の適切な実行が不可能な場合、このような戦略は、文字どおり「画餅」となってしまいます。実現性、実行可能性が伴って初めて真の戦略であり、すでに述べてきた三つの要素に加え、戦略の実行を見据え、戦略内容を適切に策定することも必要です。素晴らしい戦略というものはそれを実行する組織の整備まで含む概念であり、戦略実行部隊の陣容から逆算して戦略内容をより現実的な、場合によっては理想的な内容から一歩後退するようなものに変更することもありえるでしょう。それでは本末転倒であるという見方もあるかもしれませんが、現実問題として、現在の霞ヶ関はもちろん、日本中を見回しても戦略実行部隊を無尽蔵に確保できる組織はほとんどないはずです。

このように、実現性が伴って初めて真の戦略と言えるのであり、実際的に実現できる最高の内容を戦略として策定することが必要なのです。

戦略の実現性を私たちが重視する理由は、いかに良い戦略ができても、それが実際に人々の生活を良くする方向で実施されなければ、内閣や霞ヶ関を含めた「国」に対する人々の「信頼」がますます低下するからです。

現代ほど、人々の国に対する信頼が大きく揺らいでいる時代はないと言っても過言ではありません。一般的な意味での行政への信頼は、各省庁を一巡した各種不祥事の影響などによってすでにすっかり失墜してしまっており、年金問題における社会保険庁の「背任行為」や元防衛事務次官の収賄でダメを押された感があります。人々の内閣への信頼は、かつてはそれなりに高い水準にありましたが、最近の世論調査では、内閣不支持率が内閣支持率を大きく上回る状態が当たり前のように続いています。

人々の国に対する信頼がないと、この国の「仕組み」を変えるべく、国会や行政がいかなる戦略を提示し、行動を起こしても、それが国全体の動きにはならず、結局戦略は十分完遂することなく終わる可能性が高いと言えます。また、人々の信頼がなく、内閣への支持率が低い場合、政党や首相の頻繁な交替が生じ、良い戦略が保持すべき長期性・総合性を確保することも困難でしょう。

孔子は、政治の要諦を尋ねる弟子に対して、「食糧、軍備、民の信頼の三つが重要だ」と答えました。また、「どうしても何かを捨てなければならないとしたら、この中で何を捨てるか」との問いに接して、「軍備」と答え、さらに残った「食糧、民の信頼のどちらかを捨てざるをえないとしたらどうするか」

との問いに対して、「食糧」と答えたそうです。曰く、「食糧がなければ死ぬが、人はだれでも死ぬものだ。民の信頼がなければ、国はそもそも立ちゆかない」。そのくらい国にとって「信頼されること」は重要だということだと思います。

今、どん底にある人々の信頼を回復するためには、納得できる戦略を示し、それを着実に実行していくことしかありません。国がめざすべき方向などの戦略について何を語り、また、語った戦略をどう実行するのかについて分かりやすく示すことが重要な鍵となります。特に戦略を実行するための体制をきちんと構築することが重要です。

これまで、橋本政権での六大改革、小泉政権での構造改革、最近では安倍政権での教育、憲法、地方分権改革その他の各種改革に代表されるように、歴代の政権は優先課題という名の下に戦略を掲げ、その実現を図るべくさまざまに努力をしてきました。しかし、いざ実行段階になると、行く手を「抵抗勢力」に阻まれることが少なくありませんでした。

今後、国が戦略を策定するに当たっては、その内容をいかに霞ヶ関の各省庁に実行させるかといった行政の意思決定・実行装置たる霞ヶ関の構造改革と、政権からの指令を受けてそれを実現する実行部隊の改革に、相当の時間をかけて同時に取り組む必要があります。

どうして今、国家戦略が必要なのか

ここまで、私たちがめざす国家像とそれを実現するための戦略観について、詳細に述べてまいりました。

しかし、そもそも論として、「どうして戦略が必要なのか」という根源的な疑問をお持ちの方もおられるでしょう。霞ヶ関が戦略を持つ必要がある理由について、私たちの答えは次のとおりです。

これまでは、社会インフラの整備、経済成長の実現、教育制度の再構築など、重要な行政課題がいくつも存在していました。このような状況では、霞ヶ関で対応すべき施策は「どれも可及的速やかに実行すべき」であり、費用対効果も高かったはずです。「欧米に追いつき、追い越せ」という国としてのビジョンや傾斜生産方式などの戦略はもちろんありましたが、緊急に対応を要する重要課題が、優先順位をつける必要がないほど多く存在したため、霞ヶ関でも戦略を強く意識する機会は少なかったのだと考えられます。

高度経済成長期は、戦後すぐほどではないにせよ、行政課題は依然として多く存在した上、財政面でも大きく予算額が増加したことから、行政課題やその施策に優先順位をつける必要は乏しく、「行政課題があるなら全部対応しろ」という状態だったと推測されます。

これまでと比べて、現在の霞ヶ関を取り巻く環境はどうでしょうか。「欧米に追いつき、追い越せ」という分かりやすいビジョンが意義を失っている今、新しい国としてのビジョンが必要になっています。これからの五〇年、一〇〇年を見据えて、わが国をどういう国にしていくべきかという、まさに長期的・総合的な戦略が必要ではないでしょうか。また、優先順位付けも不可欠です。以前の社会インフラ整備などのように、国民のほとんどが共通して求めるような施策は少なくなり、個人の行政へのニーズはどんどん細分化されています。また、環境対策や政策評価・取引監視といった事後チェック機能強化など、かつてはあまり重視されなかった行政機能を強化する必要も高まっています。同時に、高度経済成長期のように大きな税収の増加は見込めず、公務員の数も減りこそすれ増加する可能性がほとんどない現状において、政策の優先順位付けは不可欠です。霞ヶ関や国会の最大の役割・責任の一つは、まさにこの優先順位付けであるとも言えます。しかし、戦略を実現すべき霞ヶ関の各省庁が組織的に硬直した状態で、従来どおりのビジョンや戦略に基づいて行動するようでは、新しい戦略の実行はおぼつきません。

以上を勘案すると、これまでにも増して現在は、国家ビジョンとそれに基づく戦略、その適切な実現、このための霞ヶ関構造改革などが包括的に必要な時代であると言えるのではないでしょうか。

失われた一〇年と呼ばれる九〇年代以来、この国を建て直すためにさまざまなことが言われてきました。たとえば、多くの有識者の方々が、予算制度の改革案、人事制度の改革案、外交安全保障に関する提言、社会保障の抜本的見直し案、教育制度の改革案などの個別政策提案を発表してきています。

しかし、これらの大部分は実行にまで至らず、お蔵入りとなってしまっています。その原因としては、他の施策への影響を捨象・軽視して考えられた部分最適案であったり、実現に向けた活動が伴わなかったといったことが考えられます。いずれにしても、真の意味での新しい国家ビジョンとそのための戦略策定ができていないのです。

このまま適切な戦略を策定できなければ、わが国の「失われた一〇年」は、「失われた二〇年、三〇年」になってしまうでしょう。今こそ、国家公務員は当然のことながら、官民総力を挙げて、この難しい問いに対する答え、すなわち、次の数十年のビジョンづくり、それを実現するための戦略づくり、その戦略を実現するための組織づくりなどを進めていくことが不可欠なのです。

第3章　総合戦略の不在の具体例と国民生活への悪影響――少子化問題を例として

前章では、私たちのめざす国家像とそれを実現するための戦略観、どうして今戦略が必要なのかについて説明をしました。しかし、読者の皆さんの中には、「プロジェクトKの戦略観と戦略の必要性は分かったが、霞ケ関に良い戦略ができ、それが適切に実行された場合、自分たちの生活がどのように改善するのか」という疑問を引き続き持っている方もおられるでしょう。

そこで、本章では、具体的に少子化問題とこれに対する霞ケ関の対応を検証しつつ、戦略が不在だったため国民生活に悪影響が出た事例を反面教師としながら、戦略の重要性について説明します。霞ケ関の問題を、多くの人に「自分の問題」として理解していただくことが本章の最大の目的です。

わが国における少子化の現状

日本は世界にも稀に見る速度で少子高齢化が進んでいます。

内閣府が発表している平成二一年版少子化社会白書によると、二〇〇七年の合計特殊出生率*は、前年の一・三二を若干上回る一・三四となり、引き続き上昇しました。厚生労働省が発表している人口動態統計月報年計（概数）の概要によると、二〇〇八年には、一・三七まで回復する見込みです。

しかし、他の先進国と比べれば、わが国の合計特殊出生率が依然としてかなり低い水準にとどまっていることに変わりはありません（図1）。たとえば、アメリカでは二〇〇六年の合計特殊出生率は二・一〇、フランスで二・〇二（二〇〇八年）、スウェーデンで一・九一（二〇〇八年）、イギリスで一・九〇（二〇〇七年）となっており、わが国の数値と比較して、その差は一目瞭然です。ドイツは一・三七（二〇〇七年）、イタリアは一・三四（二〇〇七年）となっており、先進国内でも大きく二つに分かれていると言えますが、わが国は世界でも合計特殊出生率がもっとも低い国のグループに含まれることは間違いありません。

わが国の合計特殊出生率は、以前から低かったわけではありません。わが国における合計特殊出生率の推移を見ると、第一次ベビーブーム期には四・三を超えていましたが、一九五〇年以降急激に低下し、その後、第二次ベビーブーム期を含め、ほぼ二・一台で推移していたものの、一九七五

*一人の女性が一生に産む子供の数を示す人口統計上の指標

年に二・〇を下回ってから再び低下傾向となっています。一九八九年に丙午《ひのえうま》のためそれまで最低であった一九六六年の数値を下回る一・五七を記録し（いわゆる一・五七ショック）、二〇〇三年には「超少子化国」と呼ばれる水準である一・三を下回り、さらに二〇〇五年には過去最低である一・二六まで落ち込んでいます。

長期的に人口が安定的に維持される合計特殊出生率の水準を「人口置換水準」と言い、この水準を下回ると人口が減少することになります。人口学の世界では、この水準を相当期間下回っている状況を「少子化」と定義していますが、標準的な人口置換水準は二・一程度ですから、わが国の現状がいかに深刻であるかがよく分かります。

人口は多ければ良いというものではありません。国土の小さいわが国の適正人口についてはさまざまな議論があります。しかし、第一部でお示しした

図1●主な国の合計特殊出生率の動き（平成21年版少子化社会白書）

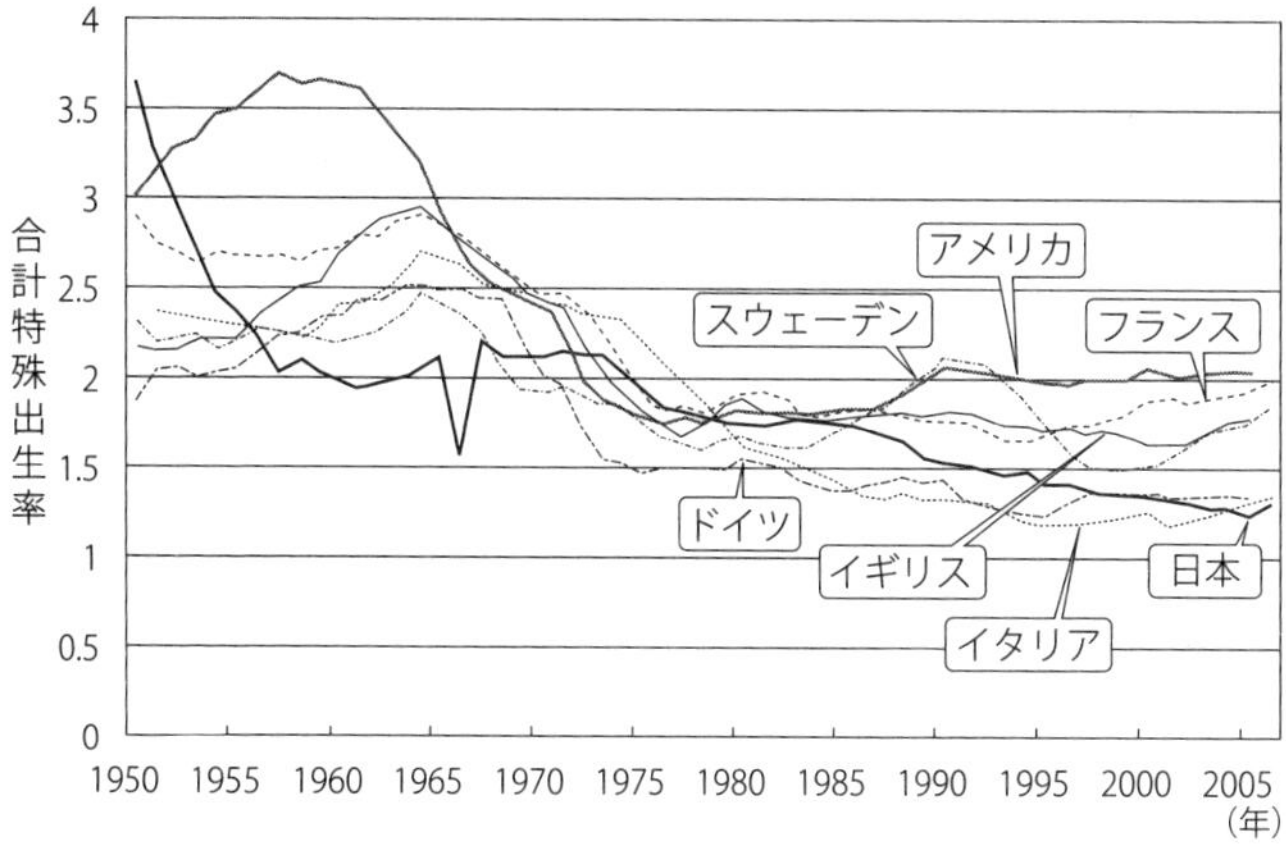

急激な高齢化と併せて考えた場合、適切な福祉サービスの持続可能な提供や若年層の負担、国家規模のマクロな経済・財政への影響などの観点から、現在の合計特殊出生率が適切であると見る人は少数派ではないでしょうか。

フランスやスウェーデンなど、合計特殊出生率を回復させた国の優良事例などに学びながら、現状を改善していくことがわが国の喫緊の課題であると言えるでしょう。

政府による少子化問題への取り組みの経緯と問題点

出生率の低下は今に始まったことではありません。少子高齢化が進むことはずいぶん前から予想できており、「一・五七ショック」以降、政府も少子化対策を進めてきました。少子化対策は、児童手当や保育所の充実、医療体制の整備は厚生労働省、教育費の軽減は文部科学省、施設のバリアフリー化は国土交通省など、いくつかの省庁に所管が分かれています。このため、二〇〇三年には少子化社会対策基本法が制定され、国は「少子化に対処するための施策を総合的に策定し、及び実施する責務を有する」(同法第三条)ことになりました。この法律に基づいて、「少子化社会対策大綱」という国の基本的な方針が閣議決定され、また、関係省庁間の調整を行うため、内閣府に少子化社会対策会議が設置されました。さらに内閣府は、少子化社会白書を毎年作成して、国の少子化対策がどのように進んでいるかを公表しています。

これだけを見れば、政府全体として少子化対策に取り組む体制を整えて、内閣府を中心に各省庁が一丸となって少子化対策に取り組んでいるように思えます。しかし、残念ながらそうとは言えないのが実態です。たとえば、少子化社会対策会議は、二〇〇七年に「『子どもと家族を応援する日本』重点戦略」を決定しました。この中で、「仕事と生活の調和の実現と希望する結婚や出産・子育ての実現を支える給付・サービス」のためには、育児休業や保育サービスの充実、妊婦健診の充実などのため（個人負担分を除いて）毎年一・五〜二・四兆円の社会的コストが追加的に必要となると試算し、これを支える効果的な財政投入が必要であるとしています。しかし、少子化社会対策会議の所掌事務は審議・調整・推進などにとどまり、直接的に少子化対策に関する予算を増やす権限もなければ、各省庁に少子化対策を行わせる権限もないのです。これでは、「重点戦略」に実効性が伴わず、その実体は単なる政策提言に過ぎないと言えます。また、仮に少子化対策に一兆円単位の予算をつぎ込んだ場合、その他の予算や税制への影響についてはどうなるのでしょうか。少子化社会対策会議は少子化対策について所管しているだけですから、政府予算全体の見地からの責任を持って検討することはできません。

また、内閣府は、各省庁で行われている少子化対策関係事業の一覧を「少子化社会対策関係予算」として取りまとめていますが、この内容は、各省庁がすでに行っている事業や、各省庁がこれから行う予定の事業のうち、少子化対策に関係するものを集計・分析しているに過ぎません。少子化社会対策会議に権限がないので、ある意味当然のことです。内閣府の担当業務は、会議の準備と白書の作成、広報事業などがその大部分を占めています。さらに言えば、内閣府の少子化対策担当職員も、各省庁からの出向者が多く、二～三年したら出身省庁に戻ってしまうのです。

これらに加え、少子化対策については、戦略の一貫性という面でも疑問があります。平成二一年版少子化社会白書には、最近の少子化対策の経緯が掲載されていますので、以下に抜粋してみます。

一九九四年　エンゼルプラン
　　　　　　緊急保育対策等五か年事業
一九九九年　少子化対策推進基本方針
　　　　　　新エンゼルプラン
二〇〇一年　仕事と子育ての両立支援等の方針（待機児童ゼロ作戦等）
二〇〇二年　少子化対策プラスワン
二〇〇三年　少子化社会対策基本法
　　　　　　次世代育成支援対策推進法
二〇〇四年　少子化社会対策大綱
　　　　　　子ども・子育て応援プラン
二〇〇六年　新しい少子化対策について
二〇〇七年　仕事と生活の調和（ワーク・ライフ・バランス）憲章

仕事と生活の調和推進のための行動指針
「子どもと家族を応援する日本」重点戦略
二〇〇八年　「新待機児童ゼロ作戦」について
五つの安心プラン③未来を担う「子どもたち」を守り育てる社会
社会保障国民会議最終報告
（平成二一年版少子化社会白書より抜粋）

これを見ると、策定された法律、方針、プランなどの数は一五年間で実に一七にもなります。良く言えば、さまざまな対策が矢継ぎ早に講じられているということになりますが、悪く言えば、一貫した長期的な戦略がなく、各部署がバラバラに対策を打ち出しているということになります。二〇〇三年の少子化社会対策基本法の制定や少子化社会対策会議の設置以降を見ても、その数は減ってはおらず、むしろ増えています。これでは「場当たり的な対応だ」と言われても仕方がありません。

このような日本の状況を尻目に、フランスでは、一九九三年に出生率が一・六六まで落ち込んだものの、前述のように、二〇〇八年には欧州一の二・〇二まで回復しています。家族手当などの経済的支援だけでは十分な効果が生まれなかったことから、保育サービスの充実などの就労と育児の両立支援を中心とした出産や子育てを支援する戦略的な各種政策のパッケージを根気強く継続していることが出生率上昇に寄与していると見られており、一貫した長期的な戦略の重要性を認識させられる好例です。

少子化対策に対する不満と戦略の不在との関係

これまでに見てきたような少子化対策における戦略の不在がなによりも問題なのは、一九九四年のエンゼルプランに始まり一五年近くさまざまな取り組みが打ち出されてきたにもかかわらず、それが実際に効果を上げているという明確なデータがいまだに見えてこないことです。ここ数年の出生率は若干上昇していますが、それが政府の少子化対策の効果であるかはよく分かっていません。仮にここ数年の出生率の上昇が政府の対策の効果だとしても、十分な効果が出ているとは言えない現状であることは間違いないところです。

近年、妊婦の検診費用の無料化や、子供の医療費の無料化適用年齢の引き上げ、出生祝い金などの取り組みを独自に行う自治体が増えてきています。このような動き自体は基本的には評価すべきことだと思われますが、これは国の取り組みの効果が出ていない反対効果だとも言えるでしょう。また、二〇〇九年に実施された内閣府の少子化対策に関する特別世論調査においても、「諸外国においては、最近では保育サービスや育児休業制度の充実などによる仕事と家庭の両立支援により、出生率の低下に歯止めがかかっている例も見られます。このような諸外国の政策を、多少の負担増を伴うとしても、わが国にも導入すべきだと思いますか」という問いに対して、「導入すべき」と回答した人は五七・八％であり、三一・八％の「どちらかといえば導入すべき」を合わせると実に約九〇％の人が今以上の少子化対策を求めています。

少子化対策における戦略の不足だけが、世間の少子化対策への不満の原因であるとは一概に言えませんが、少子化対策に不満を持つ人々が多く、少子化対策における戦略の不足がその主な原因の一つであるとは言えそうです。

その他の分野の現状

ここまで少子化対策について述べてきましたが、特に少子化対策だけを問題視する意図で述べているわけではありません。ここに述べているのは霞ヶ関の構造に端を発する問題であり、他の分野でも同じような構造的な問題があります。

たとえば、第一部で述べたように、自殺者数はもう一〇年以上にわたって三万人を超えています。二〇〇六年に自殺対策基本法が制定され、これに基づいた自殺総合対策会議の設置や自殺総合対策大綱の策定など、少子化対策と同じような対策が講じられていますが、自殺者数はいっこうに減っていません。

この他の分野でも、首相官邸に数多くの「本部」や「会議」が設置され、各省庁でも毎年のように新たな「方針」や「プラン」や「戦略」と名の付くものが打ち出されては消えていく状況です。ちなみに、首相官邸のホームページには「安心社会実現」、「IT戦略」、「食育推進」、「成長力底上げ」、「教育再生」など多種多様な「本部」や「会議」の一覧が掲載されており、その数は六八（二〇〇九年六月現在）に上ります。まさに「部分最適」のオンパレードです。もちろん、それぞれは大切なテーマなのですが、ここまで数が多いと、全体として整合性の取れた総合戦略がつくれるのだろうかと、霞ヶ関の内部の人間としても危惧を感じざるをえません。

一方で、「失われた一〇年」と言われる九〇年代から二〇〇〇年代初頭にかけての時期には、政府はまるでブラックホールにお金をつぎ込むかのように効果の小さい巨額の財政出動を繰り返し、膨大な借金を積み上げてしまいました。将来を見据えた投資・財政出動を戦略的に企画立案することはもちろん、政府の構造を抜本的に見直す改革がなされなければ、本格的な国力の回復のための国家戦略の策定はおろか、いつまでも政府が日本の復活の足を引っ張るという状態が続きかねません。そこで私たちは、「しっかりとした戦略に基づいて有効な手が打てる政府の体制」、言い換えれば「戦略国家」の構築が必要だと考えています。

ここまでは、私たちの考える戦略観と、戦略が適切に策定されない場合に人々の生活にどのような影響が出てくるかについて説明してきました。また、霞ヶ関が総合的な戦略を立案・実行できていないという「制度的な」問題点とその影響を指摘しました。

本章では、霞ヶ関の実際の業務がどのように行われているかというミクロの視点、すなわち、霞ヶ関で日々働いている私たちの実体験に基づく生の姿を記すことにより、その非効率性などの問題点をつぶさに紹介し、それらがいかに戦略策定の足かせになっているのかを具体的に述べたいと思います。

まずは次の文章をご覧下さい。

第一条　およそ役人たらんとする者は、万事につきなるべく広くかつ浅き理解を得ることに努むべく、狭隘なる特殊の事柄に特別の興味をいだきてこれに注意を集中するがごときことなきことを要す。

第二条　およそ役人たらんとする者は法規を楯にとりて形式的理屈をいう技術を習得することを要す。

第三条　およそ役人たらんとする者は平素より縄張り根性の涵養に努むることを要す。

——末弘厳太郎『役人学三則』(「改造」一九三一年八月号所収)

これは、一九三一年発表の雑誌に掲載された「役人学三則」という文章です。東京帝国大学教授で、労働法学の創始者とされる末弘厳太郎氏（故人）が書いたものです。今から八〇年近く前に書かれた文章ですが、「役人」をやっている身からすれば思わず的を射ていると苦笑してしまい、そして自分も同じことをした経験があると自省してしまう文章です。役人の習性というものは昔から変わっていないということなのでしょうか。実際、霞ヶ関という役所の世界では、まさにこの文章に示されているように、専門的な知識に基づいた深い考察よりも、慌ただしく表面的に仕事をこなすことが優先され、実質的な政策に関する議論や大局的な観点からの判断よりも、形式的な理屈や狭い省益・局益からの判断が横行していると言ってよいでしょう。

とはいえ、ただ抽象的に霞ヶ関の仕事の仕方が問題だと言っていても仕方ありませんので、霞ヶ関では毎日どのような仕事が行われているのか、『役人学三則』に即して、日常業務、法案作成過程、国会答弁作成過程を例にとりながら述べたいと思います。

第一条「広く浅く」（日常業務）

まずは霞ヶ関の日常業務です。私たちが霞ヶ関に就職する前は、中央省庁というところは当然その分野に詳しい専門家がいろいろと考えて、政策を決めているのだと思っていました。しかし、実際に勤めてみて驚いたのは、中心的な役割を果たしている、いわゆるキャリア官僚の多くが、一つの部署を長く経験するというよりは二～三年おきに異なる部署を転々としており、当該分野の専門家とは言い難い場合が少なくないということでした。ポストの異動を繰り返しながら「広く浅く」経験を身に付けて、ジェネラリストとして次第に昇進していくのが普通です。

もちろんジェネラリストは必要ですが、霞ヶ関においては、キャリア官僚のみならずノンキャリアも含めて、専門家の育成に十分重点を置いてこなかった弊害が顕在化していることは事実だと思います。

では、専門家とは言えないとしても、新しいポストに異動した後、勉強をして専門知識を身に付けたり、しっかり議論して戦略や政策をつくったりする時間は確保されているのでしょうか。

残念ながらこの答えも基本的には「ＮＯ」です。

今の霞ヶ関の仕事は、係員から局長まで、雑務や内部調整、利害関係者や政治家への説明などに時間を取られ、本当に国のために役立っているのか、本当に自分の能力を高めるのに役立っているのか、疑問を感じるものが多いのです。このような非効率かつ重要性のよく分からない業務に追われるために、本当に必要な戦略の策定などの業務に費やす時間が減っているのが大きな問題なのです。

このような現実は、霞ヶ関が国家戦略を策定するに当たって、三つの大きな問題をはらんでいます。①ジェネラリスト特有の事なかれ主義、②専門家の不在による国際的に競争力のある政策の不在、③戦略・政策議論の時間不足です。

①についてはこういうことです。前述のように、キャリア官僚はジェネラリストとして育てられ、ジェネラリスト特有の要領の良さが身に付いていきます。つまり、どの分野でも専門性はなくても自信ありそうに答える、よく知らなくても問題にならない程度にうまくあしらうという能力が発達するのです。また、他省庁や他の部署との連絡調整や予算要求・国会対応といった手続にも習熟してきます。さらに上の管理職クラスになると、政治家の顔色を見ながら判断するとか、とりあえず問題を先送りしてその場を丸く収めるといった能力も付いてきます。

このような能力が付いてくると、重要な問題ほど、「問題の本質に触れずに問題を収める」という霞ヶ関の問題解決の極意を破ろうとする者はほとんどいなくなります。問題の本質に関与してしまうと、世論を二分する大問題になってしまったり、既得権益を持っている関係団体と、その支援を受けている政治家たちからの猛反発を受けたりすることとなり、結局、物事が進まなくなるからです。そうならないように、霞ヶ関では、既得権益をあまりいじらない方向で、省庁内部及び政治家や関係者との調整に膨大な時間を使うのです。その調整の過程で専門的な知識や深い考察から来る「こうあるべき」という原理主義的な主張は無用であり、場合によっては有害でさえあるのです。これが「役人学三則」第一条の意味するところであり、霞ヶ関で真の戦略が策定されにくい原因の一つではないかと思います。

②については、読んで字のごとしです。専門家不在で真の戦略をつくることは不可能です。昨今

の行政は国民ニーズの多様化に伴い、それぞれの業務がどんどん専門化しています。従来の行政と比しても、専門家不在で戦略・政策をつくることに限界が生じていることは自明です。ノンキャリアの職員を中心に専門家として育成する方向性を強く持っている省庁もありますが、総じて言えば、霞ヶ関における専門家の質的・量的な不足は、国際的に見ても明らかです。たとえば、アメリカの連邦政府では、ほとんどの国家公務員を専門家として採用し、その中から「例外的に」管理能力を買われたものだけが管理職となってジェネラリスト化します。いわば総専門家集団である各国の政府に国際交渉で伍していくには、わが国でも専門家を育成していくことが必須なのです。

③については、まず誤解されている方もいるので、その訂正から始めなければいけないでしょう。霞ヶ関で働く国家公務員は、時間的に長く職場に拘束されています。キャリア官僚と呼ばれる国家公務員、特に課長補佐クラスまでの若手は、異常とも言えるほどの拘束時間です。各種の過労死関連訴訟で一つの目安とされている「月八〇時間以上の残業」がようやく最低ラインで、ひどい場合はこの二倍以上の残業を強いられています。

当然ながら、私たちはこれを誇っているわけではありません。長い残業時間の大きな要因は業務の進め方が非効率であるからであり、自省すべき点も多々あります。後述する法案作成過程や国会答弁作成過程のほか、勤務時間を長くしている一因は、霞ヶ関のコンセンサス主義です。

霞ヶ関における関係者間の利害調整にはコンセンサスが必要です。たとえば、ある報告書を作成・公表しようとする場合には、関係するすべての部署の了解を得なければ公表できません。他の省庁に関係する場合には、その省庁の了解も得なければなりません。なぜこのようなやり方をするかといえば、政府の最高意思決定機関である閣議が全会一致を原則としているため、法律案や白書、その他の重要な決定は、すべて全省庁の同意がなければ閣議にかけることができないからです。

こうした意識が根底にあるので、関係部署にはすべて協議をしようということになります。今は電子メールが普及し、いくつ宛先を増やしても手間はさほど変わらないので、関係が深い文書も浅い文書も、とにかく少しでも関係のありそうな部署にはすべて電子メールを送って協議します。これは、後でどこかの課から「そんな文書は見ていない」と文句を言われ、仕事が滞るリスクを減らすためのいわばアリバイづくりです。この結果、一日に百通も二百通もの電子メールが各課に送られ、各課の新人は、ほぼ一日中、その仕分けに追われるようになっているのです。

コンセンサス主義が、多様な関係者の専門的な議論につながっているのであればまだ良いかもしれません。しかし、現状では「広く、浅く」いろいろな意見が出てきて、どのようなアイディアであっても、協議を重ねるうちにだれかが反対する部分は削られ、最後はだれも反対しない無難なものになってしまうというネガティブな効果のほうが大きい状況です。それぞれの部署が正しいと思うことを遠慮なく主張し、専門的な議論を行う。その結果意見が収れんしない場合は、トップが責任とリスクを取って決定する。このような政策決定プロセスとそのための環境整備を行わない限り、内部調整に明け暮れる霞ヶ関の閉塞感はなくならず、人々の生活を良くするための戦略はなかなかできないと思います。

専門家の育成が不十分である点については、私たちは抜本的な霞ヶ関における人事制度の刷新が必要であると考えています。具体的には採用・任用制度を改め、「政策専門職」としての専門家の中途採用を拡大することや、職員の専門性を高めるような任用制度を導入することなどですが、詳細は第三部をご覧ください。

また、日常業務の非効率性については、複雑な要因があるので一概に改善策を述べることは容易ではありませんが、霞ヶ関内部に基本的な原因がある問題に関しては、トップダウンとボトムアップの両方のアプローチによる改善が必要と考えます。

トップダウンというのは、霞ヶ関における最高責任者である内閣総理大臣、各省庁の長である大臣、各局の長である局長、さらには部長・課長など、各部門の責任者が業務の優先付けを明確にすることであり、これがなによりも肝要です。費用対効果という概念や、労働コストという意識がない霞ヶ関においては、このような責任者の思考として、本来なら八〇点でも十分な部下の作業に対し、自身のリスクをゼロにする観点から一〇〇点の作業を求めがちです。たとえば、ある幹部が国会議員にわずか一五分間の説明に行く際に、想定問答を一〇〇問用意させたり、部下一〇人近くを帯同させたりするというようなケースはこの最たるものです。このような幹部の「一〇〇点主義」が、日常業務における非効率化の最大の原因であり、組織の土台を支える部下たちを疲弊させ、中長期的に組織の活性力を磨耗させているのが現状です。幹部はリスクを取るからこそ幹部なのであり、リスクを取らない幹部に幹部の資格はありません。部下の労務管理ができない幹部・管理職の査定を厳しくすること、業務の優先順位をしっかり付けた幹部・管理職を高く評価するなどの制度的な措置が必要となるでしょう。

ボトムアップについては、若手・中堅の職員たちが自ら業務改善のための活動に積極的に取り組むことです。業務の非効率性の問題については、私たちも手をこまねいて見ているだけではありません。時間を確保することで世の中の役に立つ政策をつくりたいという志はもちろんのこと、一分でも早く作業を終了させて睡眠をとりたいという精神的・身体的な危機感からも、課題解決に向けたカイゼン運動を所々で始めています。まずは、「業務効率化について検討するための時間を捻出するための業務効率化」が最大の課題ではありますが、今の霞ヶ関に危機感を覚える若手・中堅の職員が増加していることは間違いがなく、それぞれの場所で、それぞれのやり方で改善が始まっています。プロジェクトKでは、このような各所における改善の動きをうまく連携させる役割も果たしていきたいと考えています。

第二条「形式的理屈」（法案作成過程）

法律は「○○をしてもよい」「××をしてはいけない」など私たち国民の権利や義務を規定するものであり、国会だけがそれを定める権限を持っています。逆に言えば、法律という根拠なく私たちの生活を制約することはできません。私たちが税金を納めなければならないのも、運転免許を取得すれば自動車を運転できるのも、他人に意図的に怪我を負わせたら罰則を科されるのも、法律にその根拠があります。

霞ヶ関には、その法律の原案をつくるという仕事があります。憲法では、「国会は、国権の最高機関であつて、国の唯一の立法機関である」（第四一条）とされており、素直に読めば、法律はすべて国会議員が案を作成し、国会での審議によってつくられているように見えます。ところが現実には、国会で審議される法案のうち国会議員が提案するのは一割程度に過ぎず、残りの九割は霞ヶ関の官僚が作成し、閣議決定を経て、内閣を代表して内閣総理大臣が国会に提出しています。憲法第七二条に「内閣総理大臣は、内閣を代表して議案を国会に提出し」とあるからです。最近では毎年一〇〇本弱の法案が国会に提出されていますが、そのうち毎年九〇本弱の法案が官僚の手によって書かれ、国会で審議されて成立し、私たちの生活を規律しているのです。

ですから、法案の作成は、霞ヶ関の仕事の中でも大切なものです。そして、この法案の作成過程は、「形式的理屈」の多い霞ヶ関の仕事の中でも、その代表格と言ってよいでしょう。ここでは、その一端をご紹介します。

法案の策定過程は、①省庁内における検討、②審議会における審議、③関係省庁への事前協議、④内閣法制局による審査、⑤全省庁との正式協議、⑥与党審査、⑦閣議に、大きく分けられます。閣議が終わったら先ほど述べた国会提出となります。これらの過程のうち最大の難関は、④の内閣法制局による審査です。

「内閣法制局」という機関が霞ヶ関に存在すること自体、一般的にあまり知られていませんが、政府が提出するすべての法案・政令案について法制的な観点から審査を行う強力な権限を有するところです。この内閣法制局の審査を通らない限りは、法案を閣議に提出することはできません。

各省庁が作成した条文案を主に審査するのは、参事官と呼ばれる課長級の職員で、内閣法制局の他の職員と同じように、各省庁からの出向者です。二〇名弱の参事官が毎年九〇本弱の条文案を分担して審査していますが、通常国会に提出する法案の審査時期は一一月頃から二月頃に集中するので、この間、参事官たちは言葉どおり寝る間もなく、土日正月も返上して働き続けることになります。彼らは各省庁が誇る法律のプロ中のプロであり、その法技術面における優秀さは霞ヶ関でも一目置かれています。

内閣法制局は、建前上は法案を法制的観点から審査することになっていますが、この法制的観点というのは、法案が国民の権利義務を規律する事項を含んでいるか否か、既存の法律との整合が取れているか否か、条文構成や文言が適正か否かといったことを指します。とはいえ、内閣法制局が政策的な部分まで踏み込んでくることも珍しくなく、審査をしてもらう前提として、どういった必要性に基づいてどういった内容の政策を考えているのか、どうしてそれが法律という強い手段によらなければならないのか、どうして今度の通常国会に提出しなければならないのかということをきちんと説明する必要があります。特に、国会に提出する法案はできるだけ少なくし、与党の国会対策を容易にすることが前提にあるので、次の通常国会に提出する必要性・緊急性という部分はかなり厳しく説明を求められます。各省庁は、仮に本当の理由が有力政治家に言われたからとか、業界団体の要望が強いからといったものであっても、そうは言わず、形式的な理屈を考えて国会に提出する理由を説明することとなります。

このような前提部分がきちんと理解されて初めて条文案の審査に移るのですが、文字どおり一言一句を確認していきます。一行の条文審査に三時間かけるから「参事官」という揶揄もあるほどですが、この審査のおかげでわが国が世界に誇る厳格かつ誤りのない法体系が確保されているのは紛れもない事実です。この審査では、条文構成や用語については前例を、引用している他法令の条文があればその引用条文を、一つずつていねいに説明する必要があります。

適当な前例がある場合はまだ良いのですが、新しい概念を創造する場合が大変です。たとえば、「コンピュータネットワーク」のことは法令用語で「電子情報処理組織」と表現されますが、おそらくは「電子」「情報処理」「組織」という既存の三つの用語を苦心しながら組み合わせたのでしょう。とにかく、新しい法案について、これまでの法律にある用語や用法、条文、概念などを組み合わせて、それらと整合性が取れていることを隅々まで説明し尽くすのです。「役人学三則」第二条にある「法規を楯にとりて形式的理屈をいう技術」の究極の姿がここにあります。一度、その審査の様子を見学していただきたいとも思いますが、残念ながら一般公開はされていませんし、見てもおもしろくないことも保証します。

こうした策定過程は大きな法案でも小さな法案でもまったく同じで、霞ヶ関の官僚の多くの労力がつぎ込まれています。国民の権利義務を規律するものなのだからその策定過程も厳重でなければならないという議論には私たちも同意します。一方で、こうした過程で消費されている霞ヶ関の貴重な資源をもっと有効に活用し、法案の質を落とすことなく、人的資源の一部を戦略策定などへ振り分ける余地はあるのではないかと考えています。

つまり、この法案策定過程を所与のものとはせずに、たとえば、内閣法制局における過度の前例主義の見直しや、弁護士事務所への一部業務の委託、アイディアを入力すると自動的に条文案が数種類出てくるソフトの開発などを真剣に検討すべきです。

また、なによりも、そもそも法案の必要性・緊急性などまで内閣法制局が一部審査を行っている現状を改め、初期段階で、第三部において私たちが提唱している「総合戦略本部」において、その必要性・緊急性を政府全体、国家レベルで厳密に精査することが重要です。もちろん、内閣法制局には、審査段階で法制的に問題が生じた場合、その旨を総合戦略本部に対して報告してもらうことが必要かもしれません。

私たちは現在の法案数は多すぎると感じています。本当に必要な法案はもちろんありますが、中には「今年の国会には、うちの役所から〇本しか法案を提出していない。国会審議上、関係委員会との関係も良くないからもう一、二本出しておこう」というような理由で、本当は必要ない、又は法律にする必要はない政策を無理やり法律にしようとすることで、不要な労力を費やしている例も少なくありません。

このような法案作成過程においても、合理化できる部分はどんどん合理化して限りある資源を有効活用できれば、霞ヶ関の政策立案機能の向上に大きく寄与するのではないでしょうか。

第三条「縄張り根性」（国会答弁作成過程）

最後の第三条は、国会答弁の作成過程における「縄張り根性」についてご紹介します。が、その前に少し、国会と政府（霞ヶ関）との関係についてお話したいと思います。

国会と政府は密接な関係にあります。政府が推進したいと考える重要な政策は、予算や法案の形で国会に提出され、議論・可決される必要があります。また、その予算や法案について国会で議論がなされる際には、政府は、予算／法案提出者としてその内容について説明をする役割を担っています。与野党の国会議員が、なぜこの予算は必要なのか、この法律によりどのような効果があるのか、メリット・デメリットは何かなどについて質問を行うのに対し、各省庁の大臣や局部長が答弁することで説明責任を果たすのです。

NHKの国会中継などで、大臣が答弁を行う際、手元にある原稿を読みながら発言しているのをご覧になった方も多いことでしょう。この原稿のほとんどは、霞ヶ関の官僚が作成しています。この原稿を作成する一連の業務を霞ヶ関では「国会対応業務」と呼んでいます。この国会対応業務は、他のすべての業務に優先して行われることもあり、霞ヶ関は「不夜城」と言われるほど長時間労働が常態化しています。自分の部署に関係する法案や予算が国会で議論されている期間中は特に忙しく、一日の多くを国会対応業務に費やされ、それ以外の本来業務にはほとんど手を付けられなくなってしまいます。

それでは、国会対応業務とはどのような業務なのでしょうか。国会対応業務は、①質問取り、②質問割り振り、③答弁作成、④大臣などの答弁者への説明、⑤国会随行の五つの作業に分解されます。

①質問取り

各省庁の担当者が国会議事堂に隣接する議員会館に出向き、国会質問に立つ議員から質問内容を聴取する作業です。多くの場合、質問前日の夕方以降に行われます。事前に質問を聴取するのは、答弁者が事前準備をすることで、国会での議論をより実質化し、効率良く進行させることを目的としています。質問の通告を受けた省庁、質問される可能性が高いと思った省庁の担当者が質問取りに出向き、質問内容、質問の背景・意図などについて議員と意見交換を行います。

②質問割り振り

通告された質問について、担当する省庁が決められます。複数の省庁の所管業務に関係のある質問については、もっとも関係の深い省庁が主担当、それ以外の省庁は副担当となります。たとえば防衛費に関する質問は、その内容が防衛省の所管業務により近ければ防衛省が主担当、財務省は副担当となります。各省庁の内部でも同様に、主担当となる部署、副担当となる部署が決められることで、全質問が各部署に割り振られます。

ここで、自部署の所管外の問いをはね除けることは極めて重要です。いったん答弁を引き受けてしまうと前例となって将来にわたってその部署が答弁することとなり、同時に責任も負うこととなってしまうためです。一応、各省庁・各局部の所管は各省庁設置法、組織令、組織規則などで明文化されているものの、抽象的な文章で記述されているので、どの部署が答弁すべきかで争いの種になりやすく、いわゆる「割り振り争い」「消極的権限争い」と呼ばれる不毛な争いが行われます。要するに面倒な仕事の押し付け合いです。逆に、今後新しい「飯の種」になりそうな政策分野については、今まで特にその分野とは関係ないと思われていたような省庁が副担当として名乗りを上げたり、今までは副担当であった役所が「自分が主担当だ」と主張したりするなど、他省庁の権限を少しでも自分たちに引き寄せようとする動きも生じます。

このような権限争い、割り振り争い、特に省庁内の争いは、お互いの役所の存在意義に関わる重要問題（と理解されている）なので、簡単には決着がつきません。その割には、そのための調整は担当補佐クラス以下、せいぜい課長クラスで行われますから、両者とも幹部の意向を受けて引くに引けない状況で同じような議論が延々と続き、時間ばかりが過ぎていきます。長いときは数時間続くこともあり、割り振り争いでもめている間に答弁が作成できると思うこともしばしばです。

③答弁作成

割り振りが決まると、答弁の主担当部署が原案を作成します。主に課長補佐・係長クラスが過去の答弁などを参考にしながら作成し、上司の了解を得た上で、副担当となっている部署・省庁に配布し（「合議《アイギ》」と呼ばれています）、了解が得られれば答弁作成作業は終了です。ただし、この過程において原理原則で対立すると、答弁を巡る大議論となるため、大変な時間がかかります。特に役人の世界では「前例」が極めて大切なので、国会答弁が前例として金科玉条とならないように、関係者はわずかな文言を巡って必死に交渉することになります。結局それでも決着がつかず、「現在調整しております」的な答弁ができあがることも少なくありません。

さらに、関係者間で決着した後も、作成担当部署の筆頭課（たとえば各局部の総務課）、官房関係課や答弁者の秘書官（内閣総理大臣答弁であれば内閣総理大臣秘書官）の事前了解が必要となり、一つの答弁を仕上げるのに相当な時間がかかるのが一般的です。一晩に数十問単位で質問が入ると、徹夜をして何とか間に合うかどうかという状態になります。

④大臣などの答弁者への説明

作成した答弁案を実際に答弁する大臣や副大臣などに説明（レクチャー）する作業で、「大臣レク」などと呼ばれます。ほとんどの国会審議は朝から行われる上、また、答弁者の日中の予定はすでに他案件で埋まってしまっていることが多いので、レクチャーは朝早く六時頃から始まることも少なくありません。前日の深夜早朝まで答弁作成に追われていた身には結構こたえます。

⑤国会随行

国会で実際に大臣などが答弁する場に立ち会います。質問者から前日に通知されなかった想定外の質問がされた場合など、万が一の場合に備え、その場で即座に対応できるよう、答弁者席の背後に控えます。いざというときには、手書きのメモを作成して、答弁者やその秘書官に差し入れるなどします。ドッチファイル数冊分にもなる大量の資料を、紙袋に入れたり風呂敷に包んだりして持っていくこともしばしばです。この国会随行が終われば答弁に関する作業は終了です。しかし、また夕方からは翌日の国会対応業務が始まります。

さて、ここまで国会対応業務の実際を見てきましたが、私たちは、この国会対応業務には多くの課題が存在すると考えています。現在、国会対応業務には、無定量・無制限の労働力が投入されていますが、次の三つの観点からその成果があまり発揮されていないのです。

①縦割り意識が強く、割り振り争いなどの不毛な論争が主であり、政府として質の高い回答ができていない
②答弁書の一言一句にこだわりすぎて、本来どうあるべきかの根本的な議論が劣後している

③答弁書の作成過程が非効率なため、作成作業の従事者が疲労困憊している

①については、割り振り争いは日常茶飯事となっており、これが行政の効率性を阻害している最大要因と言っても過言ではありません。時間が無駄になるだけではなく、両者が膝を突きつけ話し合い、協力して一つの最良な案をつくるということはまずないため、政策としての良く練られた質の高いものが作成されにくいのです。国会対応業務に限りませんが、霞ヶ関においては一般に他省庁との所管争いに敏感で、自分の所管以外の業務を行うことや他省庁が自分の所管業務に介入してくることをもっとも嫌います。縦割りの元凶はここにあるのですが、これは、各省庁が人事権を握っている結果、暗黙に各省庁への貢献度（予算・人員の獲得、法案の作成など）が人事評価の軸となっていることなどに拠っています。各省庁が部分最適をめざしてしまうと、国民への奉仕という全体最適が達成されないことになるのです。

②については、答弁書を確認する上司などの嗜好によるところが大きいですが、一般的に細かい文言を気にする人が多いです。「○○が××を行い」と「○○は××を行い」では意味が違うとの理屈から、「てにをは」のチェックにも相当の時間が費やされます。たしかに法律の文言では「は」と「が」で解釈が異なることもありますが、国会で大臣が「は」と発言した場合と「が」と発言した場合で、それほど大きく意味が違ってくることが頻繁にあるとは思えません。「てにをは」の修正作業に追われ、本質的な議論を行う時間・手間が取れないというのは本末転倒です。

③については、説明不要かもしれません。国会答弁の作成で夜中の二時、三時まで働き、数時間の睡眠をとって、朝一番で大臣に答弁の説明をし、実際の国会審議には大臣に随行して不測の事態に備える。国会開会中はこれは月に一回どころではありません。部署によってもちろん濃淡はあるでしょうが、ひどい場合は週に二回、連続して数日こういう業務が続くこともあります。これで「本来業務もしっかりやれ、専門性を付けるために勉強しろ」と言われても、なかなか難しいということは理解していただけるのではないでしょうか。

霞ヶ関の多くの官僚が毎日徹夜を続けるほどの労働力を投入している国会対応業務について、そもそも論として疑問をはさむ声もあります。特にマスコミからは、公務員が国会で答弁することと及び大臣などの答弁書を作成することを「でしゃばりすぎである」と批判されます。霞ヶ関に出向してきている民間企業の方などからは、この国会対応業務について「なぜそこまで力を入れるのか分からない」と言われることもしばしばです。

そもそも答弁書はなぜ作成する必要があるのでしょうか。それは、国会の議論を実質化させ進行を円滑にするために、答弁に当たっての要点、詳細な事実関係・データを事前に答弁者が把握しておくことが必要だからです。各省庁の守備範囲は極めて広く、答弁者である大臣や局部長がすべてを把握することは不可能なため、この意味においては必要な業務と言えるでしょう。国会における法案の質疑応答に閣僚や局部長が対応する以上、国会対応業務の必要性自体を否定することは現実的ではありません。

しかし、「今のままの対応で良いのか」と聞かれれば、答えは断じて「ＮＯ」です。前述したような状況が是認されて良いわけはありません。

では「どうすれば良いのか」というのもなかなか難しい質問ですが、まず、政府内部でできる効率化策もあります。対応マニュアルの整備と浸透、質問が出た段階で答弁内容の大まかな方針について幹部の了解を得ておくことで無駄な調整をなくす、答弁の決裁段階を極力簡素化するなどです。

しかし、霞ヶ関だけでできる効率化には限界があります。政治家や政党が国会審議についてどう考えるかが大きな影響を持ち、政治側との協力がなければ抜本的な改善が見込まれないからです。つまり、政と官の関係あるいは公務員の役割というもっと大きな枠組みの中で議論されるべきことです。本書は霞ヶ関の構造改革を中心テーマとして論じるのが基本的な趣旨ですので、政と官の関係を長く論じるのはそこから外れますが、一言で言えば、国会では官僚の作文ではなく、国家のリーダーによる生の声で議論が行われることが理想と考えます。皆様の多くも、答弁者に対し自分の言葉で話してもらうことを期待しているのではないでしょうか。

また、政治側も、たとえば二〇〇九年二月に自民・民主両党の若手衆院議員七人が独自の国会改革案を報告しています。議員立法の充実（所属政党の承認が必要となっている慣例を排除）、行政府の効率化の推進（質問通告を委員会では四八時間前までに早める）、委員会運営の改善（委員会の日程をあらかじめ決める）などの内容も含まれており、細かい点の議論は必要かもしれませんが、私たちとしても基本的な方向性については賛同したいと思います。

国会対応業務の概要及び抱える課題について述べてきましたが、政策力の低下、無駄な労働力、組織の疲弊など、現状霞ヶ関では莫大な政治的・経済的損失が発生し続けています。マスコミなどの外部から批判を受けて嫌々とではなく、霞ヶ関自身がその必要性を認識し、主体的に行動を起こすことが極めて重要であると考えています。

以上、「役人学三則」に即して、霞ヶ関の実態を一部紹介してきました。結果として言えることは、重要とは思えない業務や非効率な業務のために、国家公務員の時間の多くが取られ、もっと時間をかけた議論を経て策定すべき戦略や政策に割く時間が十分確保できておらず、これまで専門家育成に力を注いでこなかったことも相まって、適切な戦略策定ができていないということです。

それぞれに対する個別の改善案についても簡単に述べましたが、これらの問題を抜本的に改革するには、私たちが提唱する「総合戦略本部の設置」「人事制度の刷新」「業務の効率化・透明化」を実現することが不可欠であると考えています。詳細については、第三部で述べたいと思います。

第3部

戦略国家の構築に向けて

第二部では、私たちのめざす国家像、それを実現するための「戦略」観、現在のわが国政府における総合戦略の不在とそれによって起こっている日常生活への悪影響について見てきました。適切な戦略策定と実行の必要性、現在の日本の危機的状況を前にして、『戦略国家』をつくる」ことに全力投球できない霞ヶ関の現状、戦略の不在が人々の生活に悪影響を生じさせている実態についてご理解いただけたかと思います。

これを受け、第三部は、「ではどうしたら良いのか」を考えます。「霞ヶ関には戦略がない」から「戦略が必要だ」と言うのは簡単ですが、戦略策定のための体制整備をはじめとする霞ヶ関の改革案をどのような段階を踏んで実現にこぎつけるかという具体的なプロセス・手段についての考えがなければなりません。これは前著で私たちが十分に説明しきれていなかった点でもあります。

したがって、第三部では、霞ヶ関構造改革の三つの柱について今一度整理し直した上で、その実現に向けて私たちが考えている具体的なプロセス・手段についてお示ししたいと思います。

第1章　霞ヶ関構造改革の三つの柱

これから提示する改革案は、第二部で述べた「三つの国家像」のビジョンを実現するための霞ヶ関の構造改革案です。

第二部で見たように、霞ヶ関には、国益よりも省益を追求して各省庁がばらばらに政策を策定・実行している、専門家が不在、前例や横並びの過度な重視による非効率的な政策立案過程、国会対応による職員の過度の疲弊、無駄な業務など多くの問題が存在します。

これらの問題を解決するため、その原因となっている三つの構造的要因、すなわち、司令塔の事実上の不在・機能不全、硬直的な人事制度、非効率・不透明な業務実態の改善・除去を念頭に置きながら、また、「公務員は、国民全体のために奉仕すべきであるという原点に立ち戻り、質が高く、国際的に競争力のある政策を立案できるよう改革を実行する」との原理・原則に立ち戻り、私たちは三つの改革案を提唱しています。具体的には、総合戦略本部の創設、人事制度の刷新、透明化を通じた業務改革の三つです。

第一章ではこれら三つの柱について、概要を整理したいと思います。

総合戦略本部の創設

まず、国民全体のためという視点を持って戦略を策定し、各省庁の調整をする総合戦略本部の創設が改革案の中核になります。総合戦略本部は物理的にも法制的にも首相官邸（内閣）直結とし、閣議の支援機関となる存在です。総合戦略本部の構成員は、閣議メンバーである閣僚が官民関係なく実力本位で選考し、各界の有識者や各省庁の職員などが着任します。

現在の内閣官房・内閣府内の各種改革本部などもそうですが、これまでの政策統合機関は、そのほとんどが各省庁からの出向者を中心とする組織でした。彼らはいずれ出向元に戻るため、意識としてはどうしても各省庁の枠から抜け出せません。縦割り打破や真の改革の実現をめざして出向してきているのか、親元の利害代弁者として出張代理店を開いているのか、分からないような出向者も少なくなかったのが実情です。各省庁としても、真の改革に協力するために人を出すというよりは、自分の省庁が損することのないように内閣での動きを機敏に察知して迅速に対処できるための「スパイ」を送り込んでいるという意識があるように思われます。

したがって、この総合戦略本部構想では、構成員は親元組織とのしがらみを断つため、原則として片道で来る、つまり、総合戦略本部での勤務後、親元の省庁に戻らないことを想定しています。

二〇〇八年の通常国会で成立した国家公務員制度改革基本法に、内閣総理大臣や各大臣を大局的な視野から支える存在として「国家戦略スタッフ」「政務スタッフ」という新たな役職が定められました。これらのスタッフ職は、具体的には私たちの主張する総合戦略本部職員として、片道方式によって任用され、内閣総理大臣を含む閣僚を支えることが適切だと思われます。

総合戦略本部の内部組織は、総合的な国家戦略を策定する「戦略策定部門」、決められた戦略を実際に行わせる「戦略実行強制部門」、各省庁間での争いを調整する「行政内対立裁定部門」の三部門から構成されます。

「戦略策定部門」は一五名程度のスタッフが、閣僚と相談しつつ、また、その時の政権のマニフェストなどとの整合性も勘案して、政策の優先順位を明らかにした形での戦略をつくることになります。その後、この部門のスタッフは二チームに別れ、それぞれ「戦略実行強制部門」（一〇名強）と「行政内対立裁定部門」（三～五名）に移ります。

「戦略実行強制部門」では、戦略で決められた政策の優先順位などがきちんと守られているかなど、その実行状況を綿密に点検します。財務省や総務省などの査定官庁と情報を共有し、予算や機構・定員、法案作成についての助言や勧告機能、あるいは人事についての拒否権などを持たせることにより、厳格な対応を行うことができる体制を整えます。本部門には、各省庁単位で五～一〇名程度（全体合計で一〇〇～一五〇名程度）のスタッフを置きますが、各省庁担当の長には、戦略策定部門で実際に戦略を策定した者を充てます。こうした各省庁と一対一の体制を築くことで、情報収集を容易にするという意味もあります。

また、各省庁をまたぐ案件については、柔軟にチームを組んで対応することになります。そうした機動的な集まりと重複する会議がすでに存在している場合には、その整理統合も兼ねて、たとえば「海外経済協力会議」「環境立国推進会議」などの名称を付しても良いかもしれません。現状ではたとえ内閣官房や内閣府の内部であっても、一度誕生した会議や本部には各省庁の利害が色濃く反映されてしまうため、また、法令を根拠とした組織をつくってしまうため、それらが実質的な役割を終えた後であっても、廃止することが容易ではありません。したがって、私たちの案のように、省益と無関係な総合戦略本部内の者を中心として関係者が機動的に集まる会議であれば、役割を終えた後に簡単に解散できるという利点もあります。

さらに、これまで力を発揮する局面が少なかったとされる副大臣や大臣政務官も、閣僚と同様にこの総合戦略本部の各省庁担当と緊密に連携することが求められます。大切なことは、大臣、副大臣や大臣政務官が、「各省庁の利益代弁者ではなく、首相官邸（閣議）主導の戦略を実行するために各省庁に送り込まれている」という観点を強く持てるようにすることです。また、各省庁担当の長や副長（二名程度を想定）が大臣、副大臣や大臣政務官の政策担当官となることで、首相官邸（閣議）主導に向けた一体性を強めることも想定しています。

一方、「行政内対立裁定部門」では、各省庁から持ち込まれた係争案件（当事者の一方の提訴で可）について、戦略策定部門から移って来た三～五名の者が判定官となり、案件の緊要度に応じて期限を意識しつつ判定を下すことになります。この判定の根拠は、戦略策定部門で決められた戦略に基づく優先順位です。当事者は、本部門の「判断」に不服がある場合、内閣総理大臣の裁定を求めることができます。そして最終的には、内閣総理大臣は閣議にかけた上で「決断」することになります。行政内対立裁定部門は、各省庁間の争いが、現状のような「てにをは」などの文言修正による痛み分けで曖昧なまま終わることがないよう、首相官邸（閣議）が責任を持って決断をするための組織です。戦略策定部門で決められた政策の優先順位が明白であれば、裁定の予見可能性が高まるため、対立する各省庁のうち勝てそうな省庁が本部門に提訴することになります。この「もめごとを裁定する」という機能は、古今東西の王朝や幕府などにおける歴史的事実を紐解くまでもなくトップの権威を高めるものであり、首相官邸（閣議）主導を実現させるために極めて有効な機能だと考えます。

　政策の総合調整を行う機関や機能の必要性は、前述のように戦前から主張されてきているところです。戦後においては経済企画庁や国土庁などが創設され、最近では二〇〇一年の中央省庁再編時に内閣機能の強化

図1●総合戦略本部の概念図

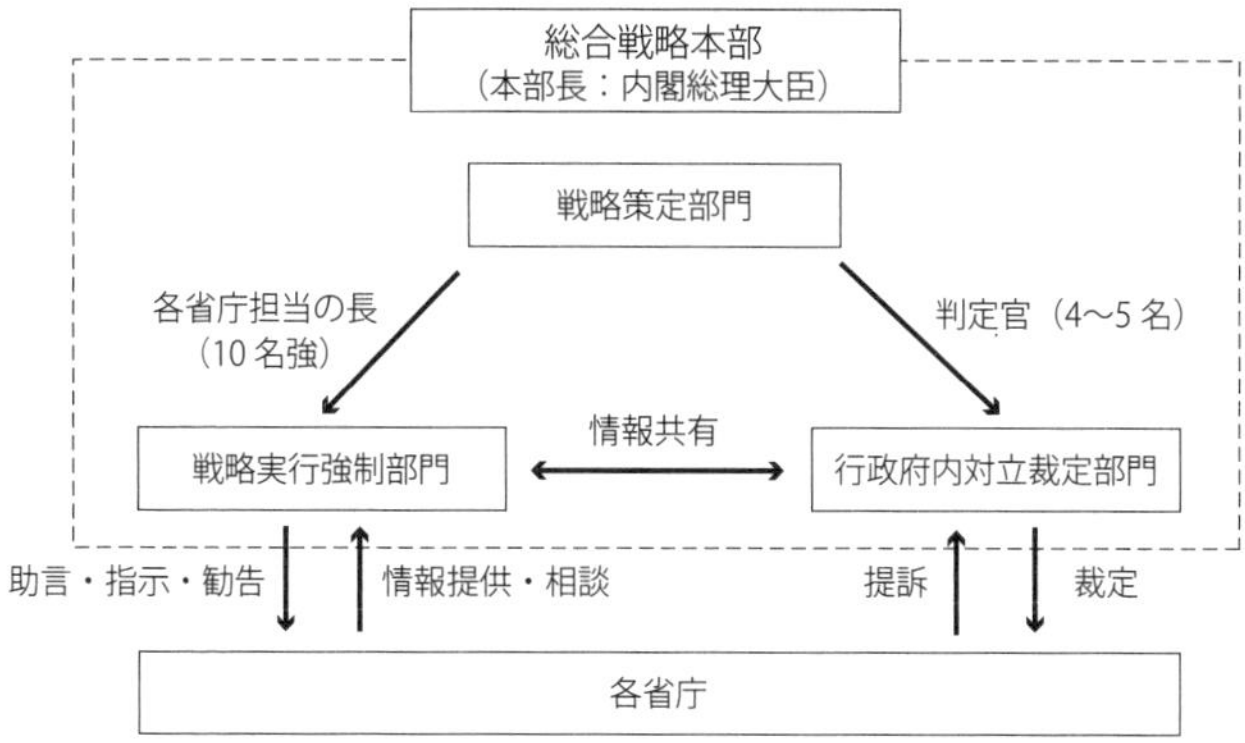

として、内閣府の創設と内閣官房の人員増強、そして経済財政諮問会議の設置が行われています。ところが、こうした総合調整機関は、創設時は鳴り物入りで誕生するものの、徐々に脆弱化し、実質的な政策統合機能を持てずに終わるのが常でした。つまり、総合調整機能を持った「器」は何度となく創設されるものの、魂が入らない状態が通例であったと思います。そこで私たちは、単なる「器」を創設するのではなく、どのような機能を持たせ、どのような構成員からなる組織にすべきか、また、どうすれば各省庁に対して充分な情報提供を求められるのかということに留意しました。このような組織であれば、現在の内閣官房や内閣府のように、総合戦略の策定や総合調整という面で有名無実の組織ではなく、首相官邸の手足となり頭脳となるという意味で、真にその機能を果たす組織になると考えます。

なお、私たちの総合戦略本部案については、「経済財政諮問会議があるではないか、ここが司令塔なのではないか」との意見をよく耳にしました。この点については同会議は仕組みというよりは「器」にすぎないので徐々に力を失うと考えており、残念ながら現在の経済財政諮問会議を見ると、そのとおりの展開になりつつあると思います。

しかし、小泉政権の終期に私たちが初めて総合戦略本部の設置を提案した頃から比べると、現在までに官邸機能を強化する動きが一段と進んだことは事実です。特に安倍政権においては首相補佐官が定員一杯の五名任命され、それぞれに各省庁からの公募形式でスタッフが付けられました。公募に際しては「各省庁の人事当局を経由して応募すること」「原則管理職以上の者であること」などの制限がかかったために、必ずしも純粋な公募とは言えない側面もありましたが、これまでの霞ヶ関の常識から考えると画期的な進歩だったと言えます。残念ながら安倍政権は短命で終わってしまったため、その効果を検証することは困難ですが、次の福田政権においても、数は減ったものの首相補佐官に特定分野を担当させる慣習は残りました。その後の麻生政権では、首相秘書官に従来の四省庁（財務省、外務省、経済産業省、警察庁）からだけではなく、新たに総務省からの出向者も加わるなど、着実に官邸機能強化は進んでいると考えられます。

この流れに沿う形で、先般成立した国家公務員制度改革基本法では、各省庁職員とは切り離された形での国家戦略スタッフの設置が明記されています。しかし、単に官邸スタッフの数を増やすというのでは物理的限界がありますし、国家戦略スタッフを有効に活用するためにはその活動基盤が必要です。総合戦略本部はまさにその活動基盤となる組織だと考えています。

人事制度の刷新

次に、人事制度の刷新についての私たちの改革案には、二つの大きな柱があります。一つ目の柱は、評価制度の改革であり、二つ目の柱は採用・任用制度の改革です。

一つ目の柱である評価制度の改革の要諦は、主として省益意識を打破するために、評価指針・制度を客観的かつ透明な形で定め、これまでのように「何となくできる」というだけで良い評価を与えないということです。

具体的には、まず前述のビジョンに加えて、公務員としてするべきこと（例：年度末に予算を無理矢理に消化している状態ならば、その無駄な予算要求を取りやめること）や、するべきでないこと（例：天下り先の確保などを実質的な理由として、廃止すべきである旨指摘されている公益法人を温存するべく努力すること）を評価指針として定めます。

続いて、それに基づいて「業績評価（部署の特色別に、目標や職務に基づいて達成度を評価）」「能力評価（マネジメント系、政策形成系などの項目別に記述式で評価）」「行動特性評価（ある局面においてどのような行動を取ったかを例示しつつ評価）」の三つの観点から自己評価及び三六〇度評価を行うという仕組みです。評価結果は人事担当課で集計した上、希望者には直属の上司からフィードバックされることになります。

このようにすれば、「いかに省益の確保のために努力したか」という基準を用いて上司が恣意的に評価を行うことが難しくなります。言うまでもありませんが、特に業績評価の期初の目標は、大臣レベルの目標から、事務次官・局部長レベルの目標、課長レベルの目標という具合にブレイクダウンされて最終的に一般職員の目標となることから、内閣全体の期初の方針が極めて重要な意味を持つことになります。たとえば内閣全体として財政再建が重要課題であれば、財務省主計局長の目標ではどれだけ予算を的確に削減するかという指標がもっとも重視されることになり、主計局次長の目標にそれがブレイクダウンされ、さらに担当主計官ごとにブレイクダウンされていくという流れです。

なお、役所は民間企業とは異なり、皆が頑張ったところで全体としての売上げや利益が必ずしも伸びるわけではありません。税収という制約の中で人件費にあらかじめ大きな制約があることから、原則として評価は次の任用の際の重要な参考資料として活用するにとどめ、給与による処遇はしないことを想定しています。

私たちが初めてこの提案をしたのは二〇〇五年のことであり、具体的な評価シートの例も挙げつつ、三六〇度評価及びフィードバックの仕組みも含めた評価制度の一案を示したのですが、その後、総務省を中心とした関係省庁が、私たちの案ととても近いと言える方式に基づく全省庁共通の評価制度の試案を作成しました。二〇〇八年夏には全職員を対象とした試行が行われ、二〇〇九年度から制度を実施しており、これは一定の評価をすることができます。

ただし、この全省庁共通の評価制度は、三六〇度評価がないことや、目標の難易度をあらかじめ判定する仕組みがないことなどの欠点があります。幹部候補育成過程における評価のあり方の検討などを通じ、今後、こうした点が改善されることを切に望んでいます。

二つ目の柱である採用・任用制度の改革の要諦は、主として霞ヶ関全体としての政策立案能力を向上させることを目的として、採用及び任用を流動化し、これまでのような採用職種や年功序列の硬直的な運用を打破するということです。具体的には、採用職種については今までのⅠ種〜Ⅲ種の分類を廃止し、「政策専門職」と「政策支援職」の二分類とする方策です。政策専門職として採用される専門家は、真の専門家を想定しています。これまでも、たとえば「法律職」「経済職」「土木職」といった専門家を前提とした分類が使用され、それぞれ別々の採用試験が実施されてきました。しかし実際には法律職が入省後に法律関係の業務をすると決まっているわけではなく、現在の採用試験は即戦力としての専門能力を問う内容というよりは、いわゆる地頭の良さや暗記力を測るためのものであるのが実態と言えましょう。この方法は、新規採用者の仕事への適応力などの面では良いところもありますが、専門性という点では心許ないと言えます。

「政策専門職」は、法律職を例にとれば、これまでのような法学部の新卒者採用を前提に暗記重視の法律の試験を行うのではなく、企業の法務部での経験が豊富な者であるとか、法科大学院を修了するなどして十分な研究を積んだ者であるとか、真に専門家を名乗るに値する方々を対象に、業務で求められる専門性を勘案して選考するべきであると考えています。いわば中途採用を常態化する形です。これにより、第二部で指摘した「戦略を策定するための専門家の不在」という現状を大きく変えることができると考えます。

この仕組みの副次的効果としては、専門家を雇用しておけば、いわゆる「天下り」、つまり押しつけ的あっせんによる再就職の問題も今より劇的に改善することが挙げられます。社会で通用するだけの専門性を持たない公務員を退職勧奨後に何とか処遇しようとすれば、どうしてもそこに「押しつけ的」な要素が濃厚に出てしまいますが、専門性が高い人材であれば、なにも「あっせん」せずとも、自ら次の職を得ることができます。私たちは、こうした専門性に基づく再就職は「天下り」とは別物であると考えます。

一方、「政策支援職」は、バックオフィスを担当する者と考えています。もちろん、専門職と支援職は大きく分けて、前者は政策のサブスタンスの検討などを担当し、後者はロジスティクス的部分を担当することで役割分担するわけですが、「役人は政策各分野における専門家であるべき」との哲学の下、専門職に要求される学問・経験の水準は支援職よりも一般的に高くなることを想定しています。内部登用の場合、原則として、専門職の中でマネジメント能力に長けた者が管理職になると思われますが、支援職から専門職になる道が閉ざされているわけではなく、職場で経験を積んで専門職に変更する道もあります。また、マネジメント能力に秀でていると認められる支援職採用者も、こうした能力が重視されるバックオフィス系の管理職に就く道があります。

採用制度については、国家公務員制度改革基本法で、現行実施されているⅠ～Ⅲ種の身分別採用制度ではなく、総合職、一般職、専門職、院卒者、中途採用といった採用枠組みが新たに設けられることが決まりました。この新たな採用制度は二〇一三年度からの実施が検討されていますが、すでにマスコミなどではⅠ～Ⅲ種や国税専門官等の各種専門試験からなる現行制度の看板の掛け替えにすぎない」との批判もなされています。身分別ではない名称になっただけでも一歩前進とも言えますが、最終的には、私たちが主張するような二分類に収れんする形で改革が実行されることを切に期待しているところです。官僚に求められているのは個別分野についての専門性であり、利害調整をやるミニ政治家ではないはずです。

一方で、任用については、各ポストに求められている能力を重視して、過去の評価記録中の能力・

実績・行動特性の各々の評価に基づき、そのポストにふさわしい人材を適材適所で任用します。もちろん、中途採用による任用も重要です。中途採用の場合は、前述したような各省庁共通の評価シートに基づいた評価記録は存在しませんが、同様の項目について自己申告で埋めてもらった上で実績や測定可能な能力（たとえば語学力）などを勘案し、過去の職場に照会した上で任用・採用を行うことが考えられます。こうした専門性を重視した任用枠組みにより、霞ヶ関の職員の専門性・政策立案能力は格段に向上するものと考えます。

また、特に、局長級以上の幹部職員の人事については、政策立案能力の向上という目的以上に、省益主義の打破という観点が重要だと考えます。前述の評価シートに基づいた評価記録、特にマネジメント系の項目の過去の評価を踏まえ、また外部からの登用も視野に入れつつ、内閣が省庁の枠にとらわれずに局長級以上の管理職層を任命することを想定しています。公務員の身分保障の問題との整合性をさらに検討する必要はありますが、内閣の意向を霞ヶ関内外に知らしめし、すみやかに戦略を実行に移すためにも、政治主導の任用方法も容認されるべきでしょう。そして、このようにして任命された局長級が自らの部下を決められる体制づくりが必要です。局長級が自らの部下を任用するにあたっては、これまでのように各省庁の人事当局が勝手に割り当てるのではなく、内部職員の登用や公募による外部からの登用を可能にすることで、人事の選択肢を増やすべきでしょう。公務員をこれまで以上に専門家中心の集団にすると、縦割りがより強化されてしまう可能性があることから、こうした局長級以上の管理職層における任用は重要な意味を持ちます。このため、内閣

図2●4カテゴリーに基づく採用・任用全体図

カテゴリー4：次官、局長、官房長［上級マネジャー］

内閣で直接管理
●任命責任者：大臣
●原案作成者：総合戦略本部の各省庁担当の長
●相談者：副大臣（＋政務官）
●候補者：原則カテゴリー３の人
（各省庁の人事担当課が候補者の過去の評価などの資料整備）

カテゴリー3：部長、課長（現在の次長、部長、審議官、課長等）［マネジャー］

内閣で間接管理
●任命責任者：大臣
●原案作成者：局長
●相談者：総合戦略本部の各省庁担当
●候補者：原則カテゴリー２の人
（各省庁の人事担当課が候補者の過去の評価などの資料整備）

カテゴリー 1,2 と 3,4 の違いは序列というより機能分担。一度３や４になった者が１や２になることもある。

↑ マネジメント能力を重視
↓ スタッフとしての専門能力を重視

カテゴリー2：補佐官（現在の課長補佐、企画官、専門官等）［上級スタッフ］

各省庁で管理
●任命責任者：官房長
●原案作成者：各省庁の人事担当課長
●相談者：局長
●候補者：原則カテゴリー１の人
（各省庁の人事担当課の任用担当が候補者の過去の評価などの資料整備）
※政策専門職採用の人は、基本的にこの段階から任用される。

カテゴリー1：係長、係員［スタッフ］

各局で管理（Ｉ～III種別を廃止した各省庁単位だと、職員数が多すぎて一元管理不能）
ただし、採用と最初の配属は各省庁単位で管理（人数的な管理可能性を考慮）
●任命責任者：局長
●原案作成者：各局の筆頭課長
●相談者：適宜
●候補者：原則カテゴリー１の人
（局の筆頭課が候補者の過去の評価などの資料整備）
※政策支援職採用の人は、基本的にこの段階から任用される。

（注）1. カテゴリー４までに最低４回、カテゴリー３までに最低２回の他省庁等への出向が必要。
2. 他省庁や他局への人事異動を本人が希望する場合、人事権者は、必ず、希望先の人事権者に過去の評価やその他必要資料を渡してエントリーする義務あり。

の方針、私たちの用語でいうところの「総合戦略本部」が策定した戦略が、優先順位に従ってきちんと実行されるよう、管理職層の顔を内閣に向けさせることが肝要です。この他、複雑で分かりにくい多くの役職名を簡潔に四カテゴリーに統廃合することなどを含めた、採用・任用全体の改革案を示したのが前ページの図2になります。

なお、私たちは霞ヶ関全体の人事制度の改革を優先順位の高い事項と考えていますが、霞ヶ関外で勤務する国家公務員についても、職務の特殊性などを考慮しつつも同様の思想に基づいて人事制度を早急に改革する必要があると考えています。

透明化を通じた業務改革

最後に、霞ヶ関の日々の業務に関する改革案です。

透明化を通じて、無駄な業務を廃止・効率化して、より本質的な政策立案の時間を確保することが主眼です。具体的には、二段階での実行を考えています。

まず、第一段階として、「国民参加型行政全体レビュー」を行います。これは、地方や民間との役割分担を考えつつ、国家行政組織が担うべき役割を、人々のニーズの変化などを踏まえて議論し、現状の業務に関して国が担当するのが適切かどうかを評価するというものです。行政内部にいる人だけで行うことは適切ではないので、たとえば民間人や片道で来る公務員、地方自治体の代表など

＊会計検査院は、憲法第九十条に基づく憲法上の機関であり、名称変更には憲法改正が必要なため、統合後も「会計検査院」の名称を用いることが適当かつ現実的であると考えています。

からなる検討委員会を設け、そこで業務の選別を行います。前述の総合戦略本部も検討の場として一案になりうると考えます。性質上、本レビューは数年に一度、たとえば五年に一度行われるような性質の大がかりなものであり、このたびにある業務は廃止し、別の業務については自治体に移管するという具合に、本当に必要な業務だけを霞ヶ関に残すこととします。

　次に第二段階として、第一段階でふるい分けられた結果残った、国が真にやるべき業務が効率的・効果的に行われるよう、毎年、業務のレビューが行えるような体制の整備が必要です。具体的には、事前査定を行っている財務省主計局及び総務省行政管理局を統合し「予算行政管理局」を設置すること、そして事後評価を行っている会計検査院及び総務省行政評価局を統合し新たな「会計検査院*」とすることにより、同じような査定・評価業務を別々の部署で行っている現状を効率化し、各省庁における事後評価なども有機的に

図3●査定と評価のプロセス改革を中心とした改革イメージ図

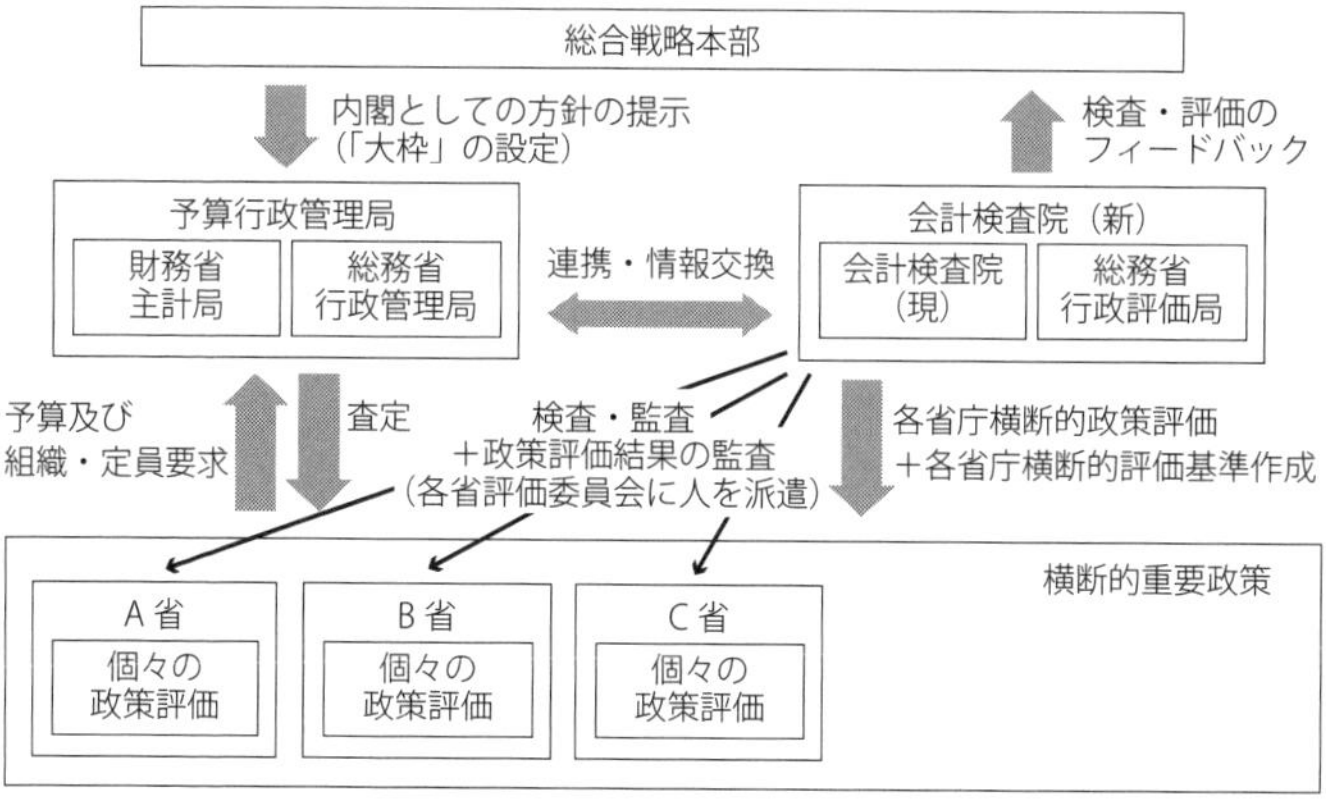

連携して査定や評価を実質化することを考えています。

たとえば事前査定で言えば、現状では同じ政策に必要な資源を要求するのにも、組織・人員については総務省、予算については財務省に要求する必要があります。この方法は、査定側の縦割りに由来する非効率なやり方なので、これを一本化する必要があります。また、事後チェックに関しても改革が必要です。現在霞ヶ関で行われている事後評価は、評価委員に外部の有識者が入ることが通例ですが、大半が関連業界の者や当該施策の分野を研究している学者であるため、どうしても無駄を減らすというよりは、より当該分野を手厚くすべしとの考え方で評価をしがちであり、予算や人員などの資源を減らして他の重要な分野に回すということが起こりにくい状況です。そこで、既得権益のない者が評価を行うことによって、事業の廃止や効率化に結びつくような仕組みにする必要があります。

このように、数年毎の国民参加型行政全体レビューと毎年の事前・事後チェックによって、無駄な事業を廃止・効率化する体制をつくります。そして、このような取り組みを支えるものとして、霞ヶ関の情報を進んで国民各層と共有し、また、政策の意義や実態について積極的に発信していくということが大切なことは言うまでもありません。

こうした大がかりな査定と評価のプロセス改革や情報発信のほか、第二部で述べた国会対応や内閣法制局対応などの個別具体的な業務に関する改善策や、タクシー券の使用効率化策などの身近な業務プロセス改善を積み上げることにより、現在無駄に費やしている時間を効率化します。それによって空いた時間を重要な政策の研究や企画に充て、より建設的な政策立案につなげていきたいと考えています。

現在、若手職員を中心に、省庁内の業務効率化など、業務の質的向上をめざした取り組みが多くの省庁で進められています。繰り返しになりますが、このような各省庁における取り組みや若手職員の気持ちをつなぎ、応援する役割をプロジェクトKが果たしていきたいと思っています。

第2章　霞ヶ関構造改革を実現するためのプロセスと手段

ここまで、私たちの提唱する霞ヶ関構造改革案をお示ししてきましたが、ではどうすれば、この改革案を実現させることができるのでしょうか。

これら三つの改革案を実現する順序としては、まずは司令塔の設置が先決ということで、総合戦略本部の創設をすべての出発点にすると考えることが普通だとも思えます。強力な司令塔を設置した後に、公務員制度の改革や査定や評価のプロセス改革を中心とする業務改革を、骨抜きにならないように実施していくというやり方は効果的であると考えられるからです。

しかし現実的には、いきなり無から総合戦略本部を出現させるということは困難です。これには二つの理由があります。

第一に、総合戦略本部が本格的に活動を開始する前に、法的な根拠の整備、人材の確保など、総合戦略本部の詳細についてしっかり詰めていく必要があるからです。

第二に、現在すでに三つの改革案に深く関わる公務員制度改革が先行して動き出していることから、これらの動きとの整合性、統合について時間を取って調整を図る必要があるからです。私たちは、伝統的な霞ヶ関の常識には囚われない組織である総合戦略本部は新しい組織として創設されるほうが良いと考えていますが、現在ある組織、たとえば内閣官房などの関係部局の機能の一部を引き継いだり、国家公務員制度改革基本法に規定のある「国家戦略スタッフ」を総合戦略本部のスタッフとして活用したりすることは十分考えられ、このような既存の資源の活用と調整についても詳細を検討する準備期間が必要です。

このような現状も踏まえ、制度の詳細についての各種整備を着実に進めるためには、いきなり総合戦略本部の創設をめざすのではなく、まずは三つの改革を進めるための足掛かりとなる「霞ヶ関構造改革推進本部」を設置し、総合戦略本部の創設に繋げていくことが適切だと考えます。

以下、「霞ヶ関構造改革推進本部」の必要性をはじめとして、これまで述べた改革を実現するための具体的なプロセス、つまり、「戦略国家」をつくるための具体的な手段・方法について述べたいと思います。

霞ヶ関構造改革推進本部の設置

高い山の頂上をめざすためにベースキャンプが必要なように、困難な改革を実現するには、実現のための基盤となる場所が必要です。

郵政民営化の実現に際しては、郵政民営化担当大臣及び郵政民営化推進準備室が設けられました。必ずしも集められた全員が改革派ではなかったとの回顧録なども出ていますが、準備室という組織が改革推進の母体になったことは確かだと思います。このように、霞ヶ関構造改革を推進するに当たっては、まずはそのベースキャンプとなる組織、「霞ヶ関構造改革推進本部」を設置することが効果的だと考えられます。

一般的に霞ヶ関においては、何らかの特命事項について本部が設置される場合、内閣総理大臣が本部長、そして関係閣僚が本部員となり意思決定を行います。そして、同時に本部の議案を策定する機関として本部事務局が設置され実質的に特命事項の検討・実施を推進する仕組みとなっています。霞ヶ関構造改革推進本部の場合は、内閣総理大臣が本部長、そしてすべての省庁が関係する特命事項であることから全閣僚が本部員という構成になることが想定されます。そして本部の下に事務局が設置されるという構造が適当でしょう。

では、具体的に、本部事務局はどのような構成にするべきでしょうか。まず、ポイントとなるのは本部の実務責任者である事務局長です。私たちの考えでは、事務局長は企業の組織・人事改革を成功させた経験を有する民間人の実力者が務めるのが適切だと考えます。大物の経済人というよりは自らが汗をかいて改革を遂行するターンアラウンド・リーダーを念頭に置いています。というのも、実際に組織のトップとして、景気変動や企業間の厳しい競争といった荒波の中、強いリーダーシップを発揮して組織内外からの圧力に屈することなく利害関係者と対話しスピード感を持って組織改革に取り組んだ経験が非常に重要だからです。霞ヶ関の抜本改革というのはおそらく過去に例のない大がかりなものになりますので、このように組織・人事改革を着実に推進していった経験は何者にも代え難いと思います。

次に事務局長の下にどのような体制を構築すべきでしょうか。霞ヶ関構造改革推進本部は、三つの改革、すなわち、「総合戦略本部の創設」「人事制度の刷新」「透明化を通じた業務改革」の改革の実行を担当することになりますので、事務局長の下に、それぞれの改革を担当する三チームと全体調整を行うチームの合計四チームを設置する必要があると考えます。具体的には以下のとおりです。

- 政策統合機関設置準備チーム……内閣府・内閣官房などとの統廃合を含め、総合戦略本部の設置を検討
- 国家公務員制度改革推進チーム……国家公務員制度改革を検討
- 業務改革推進チーム……査定と評価のプロセス改革など、業務の廃止・効率化策を検討

●全体調整チーム……事務局の総務部的機能担当。以上の三チームの総合調整、対外窓口、庶務業務など

内閣直属の本部の組織は、伝統的にその中を「室」という単位で構成しますが、室ごとにピラミッド構造が形成され、特命事項に一丸となって対処するべき組織であるにもかかわらず縦割りの弊害が指摘されることがしばしばありました。霞ヶ関構造改革推進本部においては、縦割りの弊害を廃し本部内の「協創」を促進する観点から、より緩やかなチーム制を採り、必要に応じて人員や知見を容易に融通し合うことができる組織をめざすべきだと考えています。

では、本部事務局の構成員はどうすべきでしょうか。一言で言えば、「民間出身者と公務員のバランスを取る」ということが重要だと考えます。まず、各チームにはチームをまとめるチーム長が必要になりますが、事務局長が民間人という前提に立てば、チーム長はある程度は霞ヶ関の内部事情に通じている必要があると考えられます。実務リーダーが内容を知らないと対外説明や案のとりまとめに支障をきたすからです。

ただし、総合戦略本部の構成員と同様、各省庁からの出向者を登用するということになると、どうしても親元組織とのしがらみが改革に優先しかねません。したがって、チーム長になる者は、片道切符形式での公務員か、あるいは霞ヶ関での勤務経験のある元公務員などが望ましいと考えます。一方で、四人のチーム長全員がそのようなスペックの人材である必要はなく、むしろ高い志を持つ

エネルギーレベルの高い民間人が見つかれば積極的に登用すべきではないでしょうか。

加えて、チーム員についてですが、民間人を積極的に登用するとはいえ、内部事情にある程度通じた公務員経験者も一定割合はいたほうが改革案をスムーズに策定・実現できるという面があります。この役割を果たす人材として、片道切符方式での現職公務員の任用ということが極めて重要になってきます。なお、霞ヶ関の職員を片道切符方式で本部の職員として任用することついては、一見容易にそのような条件を設定できるように感じられるのですが、憲法上の職業選択の自由との兼ね合いなどで完全に出身省庁への復職を禁ずることは困難であり、究極的には本部事務局へ参画する人たちのモラルに依存することになります。この点は総合戦略本部が誕生した暁にも共通する問題であり、およそ所属省庁から身分を切り離して片道切符方式で政策統合機関などに出向させる場合には解決しなければならない課題です。

また、これは当たり前のように聞こえるかもしれませんが、本部事務局の職員を採用する際には事務局長又はチーム長が候補者一人ひとりの面接を行い、本部事務局内の適材適所が実現されてチームとしてのパフォーマンスが最大化されるようにすることが重要です。「なぜそんなことをわざわざ書くのか」といぶかしく思われる読者の方々も多いかも知れませんが、ここが実は重要なポイントなのです。

霞ヶ関においては、チームのトップがチームの体制やチーム員の選抜まで行っているケースは異例です。特例的に自らの人脈などで引っ張ってくることもありますが、このようなケースですら稀です。内閣官房などにつくられる特命的な改革担当室に関しては、各省庁に対して人員の供出を求め、それに応じて各省庁の人事当局が人選して各省庁の意向が強く反映される形で人員が送り込まれることになります。霞ヶ関構造改革推進本部では、各省庁ではなく本部事務局側がスタッフの人選を行うことにより「ベストチーム」を構築する必要があるのです。トップを選んだら基本的にそのトップに人選は一任し、チームとして機能させることを最優先して、成果を極大化することをめざすべきです。

霞ヶ関構造改革推進担当大臣の設置

次に、本部を設置するだけでなく、霞ヶ関構造改革推進担当大臣を特命的に任命することも重要です。担当大臣に関しては、今でも行政改革推進担当大臣が存在するため、新たに霞ヶ関構造改革推進担当大臣を任命する必要はないという考え方もありえます。しかし、行政改革推進担当大臣の任務は、特殊法人、独立行政法人や公益法人改革など、どちらかというとこれまで組織のスクラップという文脈でとらえることのできる業務が多かったため、私たちの考える霞ヶ関の構造改革、新しく「創る」改革とはニュアンスを異にします。やたらと大臣が乱立するのも問題ですが、政権として日本再生の第一歩に霞ヶ関構造改革を位置づけるのであれば、これまでの行政改革推進担当大臣とは別に、特に霞ヶ関構造改革を特命とした大臣を任命するべきだと考えます。

霞ヶ関構造改革推進担当大臣は、与党内で改革案を認めてもらうための調整力や国会において適切な答弁をする能力などいわゆる政治的な力量も重要と言えます。こうした観点からは、大臣には大物の政治家が適任と考えます。また、特命担当大臣に十分な権限がない場合、大物の政治家が着任しても調整が進まないことが懸念されるため、内閣総理大臣が霞ヶ関構造改革推進担当大臣をしっかりバックアップすることと、各省庁調整を行う強力な権限を特命担当大臣に付与することも不可欠です。

霞ヶ関構造改革推進本部や霞ヶ関構造改革推進担当大臣の設置の必要性について、別の言葉で述べるならば、霞ヶ関構造改革という大方針を手足となって支える体制が必要だということです。霞ヶ関の構造を抜本的に改革することは、これまで多くの政権が取り組みましたがうまく行ったと言える例は多くありません。内閣総理大臣の断固たる決意、その意を受けて各省庁に対する調整能力と突破力及び人々への発信力のある大臣といったトップリーダーがいないことには大胆な改革はそもそも難しいと言わざるをえません。

しかし、たとえ改革に熱心なリーダーが旗を振っても、そのリーダーが制度の細部に渡るまで目を光らせて中身について一切の指示を出すということは現実的ではなく、また、マネジメントの観点からも必ずしも望ましいわけではありません。「戦略は細部に宿る」とはうまく言ったもので、おおざっぱな方向性の指示だけでは物事が動かないことが往々にしてあります。情報や知見に欠けるために、実質的なところで骨抜きになってしまうという「改革の形骸化」を避け、何も動かないという事態を回避するためには、まずは情報をしっかりと収集し、細部に至るまで実施をチェックできる体制基盤がないと、改革はうまく進みません。

こうした観点からも、霞ヶ関構造改革推進本部という実働組織と、それを率いて改革を断行する力を持った、霞ヶ関構造改革推進専門の大臣が、一セットで設置されることが不可欠なのです。

改革の具体案の作成

このように本部事務局の体制ができあがったら、いよいよ「戦略国家」の姿をめざして、「総合戦略本部の創設」「人事制度の刷新」「透明化を通じた業務改革」の改革の具体案を立案することになります。この際、進め方として、最初に「霞ヶ関構造改革推進基本法」のような法案を提出し、そこで改革の大枠と全体スケジュールを決めてしまうことも一案だと考えます。

具体的な改革の手順としては、本来はまず司令塔としての総合戦略本部の創設をめざすべきであるかもしれませんが、現実には、すでに国家公務員制度改革が進行しています。したがって、まずは国家公務員制度改革のスケジュールを意識することが前提になります。改革案の詳細は当然霞ヶ関構造改革推進本部で立案されることになりますが、ここでは、私たちが想定している改革案の大枠を提示したいと思います。

総合戦略本部の創設（政策統合機関設置準備チームの役割）

総合戦略本部に実際に持たせる機能は前述のとおりですが、法令上の権限を確かなものとするため、「総合戦略本部設置法」を策定し、政府全体に関する企画立案や総合調整機能はすべて総合戦略本部に移管すべきだと考えます。

たとえば、現在の内閣官房の機能などはすべて総合戦略本部の機能とすべきだと思います。同時に、経済財政諮問会議が典型ですが、無数にある内閣官房や内閣府の各種本部や会議の整理統合も検討するべきです。このような会議や本部には、経済財政諮問会議のほかに総合科学技術会議、地球温暖化対策推進本部、規制改革推進本部、市町村合併支援本部など無数にありますが、原則としてこれらの本部や会議を廃止し、関係する大臣や総合戦略本部の各省庁担当（戦略実行部門）のメンバーが機動的にテーマ毎に企画立案や調整を行うことができる体制を構築することが必要だと考えます。このような議論を通じて、本当に必要な本部や会議については総合戦略本部の中の組織として常設的に位置づけることを検討することも可能でしょう。

総合戦略本部で取り扱うべきテーマは、各省庁間の調整を必要とするあらゆる分野に及ぶことは論を待ちませんが、特に危機管理関係や外交・安全保障関係などは各省庁各部署の強い連携が必要です。安全保障関係については、安倍政権時に国家安全保障会議の創設が検討されましたが、この設置法案はお蔵入りとなっています。新たに創設する総合戦略本部では、あらゆるテーマに関して機動的に担当が集まることができる体制を重視すべきだと考えます。

新たな組織を創設することは行政の簡素化・効率化という観点からは望ましくないため、総合戦略本部を設置するのではなく、すでに存在する内閣官房・内閣府の総合調整機能を実質化させたほうが早いという意見もあるかもしれません。しかし、すでに存在する組織には組織文化というものがあります。人心一新して、真に司令塔機能を持った組織を誕生させるには、やはり新組織を設立してそちらに機能を移管するほうが好ましいと言えます。

たとえば、森政権の時代に設置された経済財政諮問会議は正式には内閣府の一部ですが、対外的には民間人有識者が主導する新しい組織が誕生し、経済財政政策に関し大きな権限を持つというイメージを与えたため、特に同会議を活用した小泉政権では大きなインパクトを持ちました。理屈上は、わざわざ新しい会議を設けずとも既存の審議会の活用で充分に間に合ったはずですが、新しい会議を設けてそこに実権を与えたということが大きかったと考えます。

なお、既存の総合調整機能については、総合戦略本部を設置し、適切な統合・調整を経た後廃止することが望ましいと考えます。

人事制度の刷新（国家公務員制度改革推進チームの役割）

「霞ヶ関構造改革推進本部」の体制は、新たにスタッフを公募することが原則ですが、人事制度改革の立案を担当するスタッフに関しては、現在設置されている国家公務員制度改革推進本部事務局のスタッフのノウハウを活用するため、スタッフの一部に霞ヶ関構造改革推進本部に移籍してもらうという手段もあると考えます。

人事制度の改革の鍵は、これまで述べてきたとおり、閣議や総合戦略本部からの大方針を受けて着実にそれを実施できる霞ヶ関の体制の構築ということ、すなわち、「省益中心主義の打破」と「政策立案能力の向上」の二つです。この哲学に基づき、かつ現実の動きをうまく統合するならば、

a．全省庁共通の評価制度（評価シート）の導入など国家公務員の評価のあり方
b．採用・任用のあり方
c．再就職あっせん（天下り）の規制や官民人材交流センターのあり方
d．公務員の役職や定員管理といった人事制度のインフラの見直し
e．公務員の労働基本権の問題

などの検討が必要になると考えます。

このうち、すでに内閣や総務省において検討が進められているものもありますので、現在これらの検討を担当しているスタッフを活用することが有効だと考えます。

これらの検討事項の中で、特にdの人事インフラの見直しは重要だと考えます。霞ヶ関では通常の局長、課長、室長といったラインの役職のほかに各省庁に参事官、調査官、企画官などさまざまな呼称の役職が存在します。また、たとえば同じ「審議官」という名前であっても、事務次官クラス、

局長クラス、その下など、さまざまなレベルの「審議官」という職がある場合もあります。さらに、「長」が付かずに「官」であることから部下を持たない専門スタッフ職なのかとイメージしていると、実際には局長などと同じ仕事をするマネジメント職であるなど職名と実態が異なっていることも多く、特に外部から見ると分かりにくい構造になっています。私たちの案では、これらの複雑な役職を、上級マネジャー、マネジャー、上級スタッフ、スタッフの四カテゴリーに整理することとしていますが、いずれにしても人事制度を改革するのであれば、評価や任用・採用のベースとなる各役職の整理（名称、役割）は不可欠であり、この場合、年功序列が暗黙の前提になっている現行制度の抜本的な見直しは避けられないと考えます。

次に定員管理などの査定機能について考えます。前述のように、私たちは業務改革案の中で査定と評価の仕組みの簡素化を主張しており、財務省主計局と総務省行政管理局を統合して「予算行政管理局」を発足させるべきであると考えていますが、査定機能の一元化の一環として、人事に関する査定機能もここに一元化するべきだと考えます。たとえば、新たな政策を立案するに際して、これに必要な予算や人員といった資源の手配を考える場合、今の仕組みの下では、予算は財務省、人員は総務省とそれぞれ別々に半年近い時間を費やして膨大な資料を提出し説明を行う必要があります。査定業務を一元化できれば、要求側各省庁にとっては業務の効率化につながり、浮いた時間をより本質的な政策立案に充てられることになります。

現在、新設されることになった内閣人事局に人事関連機能を集約するという構想の下で作業が進められています。これは改革に向けた一里塚として評価できますが、霞ヶ関の改革を成功させるためには、個別の改革をバラバラに進めるのではなく、「パッケージとしての霞ヶ関構造改革」が必要であり、人事行政の最適化だけではなく、霞ヶ関の業務のあり方も視野にいれた政府全体の行政事務の最適化をめざすべきだと考えます。ただし絶対に避けなければならないことは、細部で足を引っ張り合って改革が進まないことです。「幹部の顔を内閣に向けさせる」という核心部分が達成されるのであれば小異は捨てて大同に付くことが大切だと思います。

いずれにせよ、人事制度改革で大切なのはどういう哲学で改革を行うかということです。耳当たりの良い言葉に惹かれて、「成果主義」「目標管理」などの流行のやり方を取り入れれば良いというものではありません。私たちは人事制度改革により、「根強い省益主義を打破すること」「担当者の専門性向上による政策立案能力の向上」を中心に据えた改革を実施すべきであると考えています。

透明化を通じた業務改革（業務改革推進チームの役割）

透明化を通じた業務改革は、業務に無駄が多く、無用な残業が多いとされる霞ヶ関の業務の廃止・効率化を推進する仕組みの構築をめざします。無駄な業務を減らすことにより、本来期待されている政策立案のための調査や候補案の比較検討業務を相対的に増やすことも同時にねらっています。これまでも霞ヶ関の無駄を減らすことを目標の一つとして、政策評価制度が導入されたり内閣官房を中心に行政効率化推進が図られたりしましたが、こうした無駄を減らすための動きが、皮肉なことに逆に国家公務員にとって業務負担増の要因になってしまっているばかりか、無駄を減らす効果も実感できていないという結果を生み出してしまっています。

たとえば、政策評価制度について言えば、各省庁の施策の一次評価者がその業務の関係者で固められることが多いため、「効果はあった」「もっとやれ」という肯定的方向での評価がなされやすいという実態があります。

さらに、本来はPlan（計画）→Do（実施）→Check（評価）→Action（見直し）というＰＤＣＡサイクルが確立していてこそ、無駄な業務を減らすための評価をするということが意味を持ちますが、各省庁の政策評価やそれらを取りまとめた総務省行政評価局の評価が実質的・有効的に活用されている例はあまりなく、それは上記サイクルから「Action（見直し）」の部分である次年度の査定に活かされて無駄を省くというプロセスが欠けてしまっているからなのです。それどころか、各省庁が分厚い評価書の都合の良い部分を抜き出し、予算増額などのために評価結果を援用しているケースも少なくないと思われます。評価そのものにかける労力やアウトプットの分量は膨大なのですが、何のための評価であるかが曖昧であり、本制度の導入前後の比較で「行政の無駄が画期的に減った」という声を聞いたことがありません。

したがって、霞ヶ関構造改革推進本部において検討を行う際には、仕組みとしての業務の廃止・効率化を図るためのＰＤＣＡサイクルの確立がまず重要になります。具体的には、現在財務省や総務省に分かれている査定機能を一元化するための検討チームがまず必要で、次に、現在総務省や会計検査院に分かれている事後評価機能を一元化するための検討チームが必要になります。そして事後評価結果が迅速に出され、それが翌年度の査定にしっかりと反映されるような査定側と評価側の連携のあり方についての検討も行う必要があります。

このような検討を経て、査定と評価のプロセス改革が実現し、ＰＤＣＡサイクルが確立されれば、霞ヶ関の業務の効率化はかなり進むと思われますが、これだけでは不十分です。霞ヶ関内での業務改善は進んでも、なかなか「廃止」や「地方・民間への移管」といった、業務そのものの存在意義を見直すことは難しいと考えられるからです。このため、すでに提案した「国民参加型行政全体レビュー」の実施体制や実施頻度などについても検討するチームが必要になります。

この他、国会対応の効率化、各省庁各課レベルでの業務の「見える化」、ウェブサイトの統一、タクシー券使用制限等々の各種課題についての検討を行う必要があります。細々とした検討課題が多く存在することから、霞ヶ関構造改革推進本部の中でも、業務改革に関する検討には人数的に手厚い陣容を整えることが必要だと考えられます。

ここまで、戦略の重要性とその要諦について詳述した後、日本を戦略国家にするための三つの改革案及びその実現に向けたプロセスと具体的な手段について述べてまいりました。

これまでに提案した三つの改革案のうち、すでに改革が進行しはじめている国家公務員制度改革や、無駄が多いとされる業務の削減・効率化改革については、霞ヶ関の内外を問わず、改革の必要性について異論がないと思います。

しかし、これらの改革に比べて、総合戦略本部の創設に関しては、若干追加的な説明が必要かもしれません。また、すでにさまざまな組織が改革に取り組んでいるにもかかわらずどうして新しい組織が必要であるのかについては、ここに至るまでに随所で述べてきたものの、まだ十分納得されていない読者も多いことと思います。

わが国を本当の意味での戦略国家にしたい、というのが本書を通じて私たちが訴えたい最大のメッセージといっても過言ではありません。

そこで、これができると何が変わるのかということについて述べることで、いわば裏側から総合戦略本部創設の必要性について迫りたいと思います。

まず、「総合戦略本部」ができると、官邸主導のトップダウン型の行政が可能になり、各省庁による「総論賛成各論反対」「笛吹けど踊らず」「面従腹背」「組織間の連携不足・対立による膠着状態」という本来はあってはならない事態を避けることができます。

どうしてこうした事態が起こってしまうかについてはさまざまな原因がありますが、霞ヶ関の各省庁から見れば首相の「寿命」は長くて二〜三年、短い場合には一年未満であることも少なくないということが挙げられます。すぐに変わってしまうかもしれない政権の指示に唯々諾々と従うよりは、長ければ何十年も党で隠然と力を持ち続ける族議員と結託したほうが、その当否は別として政策遂行上「合理的」であると言えるのです。

右肩上がり成長で、予算・人員などの資源の全体パイも増える中で各省庁の各部署が増分から資源を奪い合い、権限を伸張させていった時代は、司令塔がなくとも大した問題は生じなかったと言えます。ある省庁や部署が取り分を増やしても、他の省庁や部署の取り分が減るわけではなかったからです。しかし、資源の全体パイの大きさが増えない現状においては、大きな決断、特に既得権益者に打撃を与える方向での見直しをするためには、全体の方針を決め、各省庁間の調整機能を果たす司令塔が不可欠です。現代の日本で、戦略策定の中枢たるべき閣議の頭脳となり、手足となるのが総合戦略本部です。

では、総合戦略本部が誕生すると、具体的にはどのような変化が霞ヶ関にもたらされるのでしょうか。戦略策定部門がマニフェストなどに準拠しつつ政策の優先順位を明確化した政権戦略を内外に示す効果が重要な効果の一つです。この戦略提示効果は重要ではあるものの、抽象的で理解しにくいと思いますので、ここでは現実に生じている問題に即して、改革のための環境整備効果、改革の徹底実行効果、政策の総合化効果の三つに分けて考えます。

改革のための環境整備効果──霞ヶ関の仕組みを変えられる

社会保険庁などにおける一部の心ない職員の行為により、行政に対する信頼が大きく揺らいでしまっているのは大変残念なことです。

しかし、霞ヶ関のほとんどの職員は、個人の資質に特段の問題があるわけではなく、社会の役に立ちたいという志を持って真面目にコツコツと日々働いています。そうでありながら、組織のあり方、人事制度のあり方、日々の業務のやり方などの仕組み・システムが旧態然としているため、個別の仕事内容に関しては、過度の省益追求に基づいていたり、また、厳密な専門性を欠いたりした形での政策立案を余儀なくされているといったケースが多く見られます。

人間的資質の問題がゼロだとは言いませんが、一般的には、やる気も能力も高い多くの人材が霞ヶ関に就職しているにもかかわらず、システムの問題でそれらが活かされていないのが現状であると言えます。

最近になって多くの若手職員が霞ヶ関から離職していることが、霞ヶ関のシステムに問題があることの一つの証左でしょう。離職した人の多くは、他の仕事でさまざまに活躍しています。つまり、辞めた人間に問題があるというよりは、霞ヶ関の仕組みに問題があるのだと思います。このような霞ヶ関の仕組み・システムの問題は、人命にかかわる喫緊の課題でもなければ、公共事業のように直接に大金が使われるという問題でもないため、目に付きにくい問題です。

しかし、冒頭の社会保険庁の問題も、単に社会保険庁を批判すれば済む話ではなく、人事制度や業務サイクルといった霞ヶ関に共通するシステムに病巣があるのです。もちろん、社会保険庁に特有の採用制度や組織文化があったことは否定しません。しかし、長官以下の幹部が厚生労働省の都合でコロコロ変わる一方、それ以外は閉鎖的な人事制度の中でほとんど外部の血が入ってこないことなど、実は霞ヶ関全体に共通する人事制度や組織文化という側面も少なくありません。一部署の改革ではいかんともし難い側面があると思われます。

したがって、こうした問題のある仕組み・システムを変えるためには、一省庁、一部署に止まらない公務員制度の抜本改革や業務のサイクルの見直しが不可欠となります。しかし、「公務員制度改革」や「国の業務見直し」という形で抽象化されればされるほど、一見して人々の生活に直結する課題とは思われなくなってしまうため、郵政民営化や道路公団の改革のように、政権トップが真剣に取り組む課題とはならないおそれがあります。人々の生活に直結するように見えないということは、政治的に票につながりにくいということであり、政治家としては他の課題に比べて力の入れ方が弱くなりがちになります。ましてや現状を変えることに否定的な勢力が組合などをはじめ多数存在するため、改革の本質的な意味での実現が政治的にマイナスになりかねないのです。

このような状況において、もし恒常的な機関として総合戦略本部があれば、票や世間の一瞬の盛り上がりとは無関係に、本部のスタッフが長期的にこれらの課題に取り組むことが可能になり、反対する勢力と対等の情報収集を行い、知識を付けることも可能になります。もちろん、本部スタッフは、政権の交代とともに全員総入れ替えとなる可能性も否定できませんが、イデオロギーの対立が事実上終焉したと言える現在の状況にかんがみれば、仮に政権が交代しても、霞ヶ関の仕組み・システム改革については、基本的にはその必要性が否定されることはないと考えられます。霞ヶ関構造改革の方針が大きく変わらない場合には、引き続き同じ本部スタッフに担当させ、その経験やノウハウを活用することも有効だと考えられます。

霞ヶ関の人事や業務の改革は、一見、景気対策などの喫緊の課題から見れば優先順位の低い課題に見えますが、実はすべての基本である「信頼される国、政府」の体現のためには重要な改革分野です。ところがなかなか手を付けにくい分野であり、あの小泉政権ですら手を付けられなかった分野です。総合戦略本部がこれらの抜本改革を行い、その後も継続的・長期的に改革の不断の見直しに取り組んでいくことが、霞ヶ関にとって何よりも大切な「信頼」を確保していく方法であると考えます。

改革の徹底実行効果――骨抜きではない、形だけでもない、中身を伴った改革

ここまでは、たとえば霞ヶ関の構造改革のような、手を付けることさえ困難な抜本的な改革課題に向けた環境整備ができる効果について述べてきました。ここでは、その後にできあがったインフラをどのように活用して実際に改革を徹底するのかということについて考えてみたいと思います。

たとえば、小泉首相（当時）が手を付けることを宣言した「特殊法人改革」について考察してみると、まずは改革に着手するために、トップが不退転の決意を示すことが不可欠であることは論を待ちませんが、それだけでは実質的な改革の中身が骨抜きにされてしまうおそれがあります。特殊法人改革に関しては、トップレベルでの見解では「不要な法人はつぶし、大切な法人は伸ばすなど、メリハリの利いた改革を実施する」ということになりますが、個別具体的に一六三の特殊法人について、ただでさえ忙しい首相や担当大臣がしらみつぶしに調べることは時間的に不可能であり、結局、「メリハリ」の判断は、内閣官房の職員に委ねることになります。ところが、内閣官房の各部署の職員は各省庁からの出向者の寄せ集めであるため、いずれ親元省庁に戻ることを前提とした各職員は、親元省庁や親元省庁と密接な関係のある族議員の意向に左右されることになり、結局、事務局の総意としての「メリハリ」を決めることは困難を極めることになります。

仮に、総合戦略本部が存在すれば、各省庁とは独立して採用された総合戦略本部のスタッフが中心となるため、「メリハリ」の付き方に関して、結果が大きく異なることになります。小泉政権時には、当初は先行七法人などと言われていた道路公団などをやり玉に挙げて個別具体的な法人の改革に切り込んだために一定の成果を上げることができましたが、一六三法人すべてについてトップが介入することは物理的に不可能でした。当時、かなり激しく道路公団改革などに対する直接介入を行っていたにもかかわらず、それでも世間的には「下への丸投げ」という批判がなされていたことを考えると、一般的には、相当にしっかりとした下部機関を持たない限り改革の徹底遂行は困難であると考えられます。

どのような分野の改革であれ、それを細部まで骨抜きにせず貫徹するためには、いわばトップの身代わりとなって、ある時は頭脳として、ある時は手足として機能する機関の存在が必要であり、総合戦略本部がその役割を果たすのです。

政策総合効果——各種政策の決定メカニズム、たとえば外交が大きく変わる

現在の霞ヶ関においては、政策の優先順位が必ずしも明確ではないため、各省庁がバラバラに、それぞれが最適だと考える政策を勝手に打ち出しているのが現状です。これでは、仮にそれぞれは正しくとも、全体の整合性・総合性がないため、経済学的に言えば、「合成の誤謬」と言える状態が生じかねません。単純な例を挙げれば、規制緩和や小さな政府を唱えて減税を訴える省庁と、社会保障の充実のために予算の大幅増額を訴えている省庁が並立し、本質的な調整（選択、決断）が行われないため、これが一因となって歳入と歳出のバランスが均衡から遠ざかり、財政が破綻に近い状態になってしまうといったことが挙げられます。貿易の原則自由化を訴える省庁と、国内産業保護のための輸入規制を訴える省庁との間で、本質的な調整が行われないことなども典型例と言えましょう。

予算を伴う場合には、その配分という行為を通じて本質的な調整があるのではないかとの意見も

ありますが、一般的に財務省は他省庁の要求をどれだけ切り詰めるかということを縦割り的に行っているのが現実で、そもそも税収が比較的好調だった時期ですら、たとえば、「現在の政策の優先順位は環境分野であるところ、環境省は本来要求するべき環境の○○分野についての要求がない」とか「環境省として予算要求を過去の数倍にするべき」などといった、優先順位に基づいた増額査定は、ほとんど行われた試しがありません。この事象は、本質的な調整に基づく大きな切り込みができないことの裏返しです。

これらは一例に過ぎませんが、いずれにせよ、現状では各省庁同士の対立を裁くための基本原則を明示する場所や、実際に争いが生じた場合に判定する場所が実質的に存在しないため、大きな決断・選択というよりは、どちらの顔も立てるための文言調整など各省庁間における微細なごまかし的調整に終始し、本質的な解決が先送りにされがちな傾向があります。

総合戦略本部が存在するのであれば、まず戦略策定部門において政策の優先順位を明確にすることとなり、政権としての方向性をはっきりさせることができます。閣僚、副大臣、大臣政務官といった政治家たちも、これまでのように各省庁に取り込まれてその利益を代弁して争うのではなく、戦略実行強制部門と一体となって戦略策定部門が定めた優先順位を着実に各省庁において実施する方向で動くことになります。つまり、少なくとも重要事項についてはトップダウン型で意思決定がなされるということを確実にすることができます。また、一方の提訴によって判定を行うこととなる総合戦略本部内の行政内対立裁定部門の存在も各省庁同士の争いをトップダウンで解決する枠組みの構築に向けた大きな一助となります。なぜなら、同部門が存在することで、判定において勝てそうな省庁は積極的に総合戦略本部に案件を持ち込むからです。

さて、ここで政策総合効果をさらに具体化するために、外交を例にとって総合戦略本部の意義を考えてみたいと思います。外交を総合戦略本部に一元化し各種外交カードを一手に揃えることにより、首脳外交という形で各省庁単位では基本的に不可能な駆け引き、すなわち譲ったり譲られたりしながらの大きな取引をする国益中心の外交ができるようになります。

たとえば、少し前の時点での対アメリカ外交を考えてみると、在日アメリカ軍の再編、アメリカ産牛肉の輸入再開、イランの核兵器開発疑惑と制裁への協力、イラク再建への軍事的・財政的協力問題などの多くの課題があり、どれもアメリカの要求・要望と日本の基本姿勢が必ずしも完全には一致しない問題ばかりでした。すべての課題に関して一応外務省は総括的に関与しているものの、その関与の強弱の差はあれ、原則として各課題別に強力な発言力を有する担当省庁が存在しているため、それぞれの省庁の見解をベースにバラバラに交渉が進むのが通例です。在日アメリカ軍問題については防衛省、牛肉に関しては農林水産省、イランに関しては同国に石油を大きく依存（輸入量の一〇～一五％はイランから）していることから経済産業省といった具合です。各課題について別々の窓口でアメリカからの要求に対峙することになると、各分野について少しずつ譲るという対応になるのが通例です。もちろん、結果として各課題について少しずつ譲るという選択肢はありえますが、現在はそれしか選択肢がないという状況だと思われます。

総合戦略本部が設置されることにより、現状であれば首相官邸に報告されないような小問題も含めた各種外交課題が戦略実行強制部門とすぐに共有されることになります。彼らは閣僚と密接な連携を取りながら仕事を進めるため、今の事務次官会議のメンバーや内閣官房の各省庁出向者たち以上に関係が密接であると言えます。したがって、何か懸念される問題が発生すればすぐに関係大臣と連携を取りながら政権としての優先順位を議論する、あるいはすでに策定している戦略に照らし合わせて判断するといったことができることになります。この結果、たとえば、牛肉の輸入再開問題では譲るが、在日アメリカ軍の再編問題では譲ってもらうように交渉するなどの「大方針」が決まることになります。

かつて、トップのリーダーシップが発揮された「糸と縄の交換」（アメリカに対し、繊維問題で譲って沖縄返還を実現した事例。当時のマスコミの論調としては「糸で縄を買った」的な批判的なものも少なくありませんでしたが）のような大きな駆け引きが、総合戦略本部の存在により官邸主導で日常的に行うことが可能になると考えられます。

第4部

霞ケ関構造改革の先にあるもの

第1章　霞ヶ関構造改革の先にある五つの価値

ここまでさまざまな角度から、私たちプロジェクトKのめざす霞ヶ関構造改革についてお示ししてきました。そして、その前提として私たちが考えるこの国・この社会がめざすべきビジョンは、「協創」「小強」「真豊」の三つの国家像だということも述べました。

この三つの国家像の実現は、これまでの霞ヶ関を含めたこの国の旧弊を打破する面が含まれていますが、私たちの提唱する改革は、決して「何かを壊せ！」と単なる制度破壊をめざしているわけではありません。これまで私たち日本人が営々と築き上げてきたこの国の価値に着目し、それをいかにして高めていくのか、それを阻害する要素を取り除くにはどうしたらよいのかという保守・建設的アプローチからの提言なのです。

そこで本書を締めくくるにあたって、三つの国家像の実現に向けた取り組みを通じて今後いっそう高めていくべきわが国の価値とは何かについて、私たちの考え方を紹介させていただきたいと思います。

一口に価値と言っても、さまざまなレベルがあるため、議論を整理する必要があるでしょう。価値や価値観と呼ばれるものには、たとえば「自然を大切にする」とか「家族を大切にする」、「世界でいちばん安全な国をめざす」というような、重視する分野や物に着目したものもあれば、「義を見てせざるは勇なきなり」とか、「児孫のために美田を買わず」、あるいは、ノーベル賞平和賞受賞者マータイ氏が提唱した「MOTTAINAI（モッタイナイ）」のような、行動原則・行動規範と呼べるものもあります。これらは重なり合うこともありますが、レベルの異なる概念です。また、今挙げた例だけでも、個人レベル、家族レベル、社会レベルなど、さまざまなレベルでの価値観があります。

ここでは、私たちが、日本社会として引き続き創造していくべき、高めていくべきと考える価値を特に五つ挙げたいと思います。すなわち、平和、環境、芸術、技術及び人的資源の五分野です。

これらは、先ほどの分類で言えば、「重視する分野」としての価値です。行動原則としての価値は時代や状況とともに変化することもありますが、これら五分野は、時代を超えて日本人が大切にし、得意としてきたものであり、また、今後も日本にとって重要なものだと考えます。私たちは、これを、英単語（Peace, Environment, Art, Technology, Human resource）のそれぞれの頭文字を並べて「PEATH」（「ピース」と読みます）として日本や世界に打ち出していきたいと考えており、すでに、アメリカの有力紙である『クリスチャン・サイエンス・モニター』紙（二〇〇八年一二月一七日）において、「PEATH」の概念を含めたプロジェクトKの活動について大きく取り上げられています。

それぞれの価値について、もう少し具体的に見ていくと、たとえば、今西錦司京都大学教授（故人）がダーウィンの進化論へのアンチテーゼとも言うべき棲み分け理論を提示したことが典型だと思いますが、私たち日本人には、優勝劣敗に基づく適者生存的な考え方よりも、同じ時間・空間をうまく棲み分けて共有する「共生」的発想のほうが馴染むと思われます。「和をもって尊しとなす」というのが日本的価値観の典型と言われることがありますが、この「和」も、「和して同せず」という言葉があるように、決して同質性を重視して異を唱えないという意味ではなく、違いを認め合って調和・共生するというのが本来の意味です。他国との共生、他の生物・自然との共生という文脈の中で、それぞれ平和を希求し、環境を重視する姿勢が導き出されます。もちろん、平和を保つため、環境を守るためには、とにかく丸腰で、他国に干渉しない良い人でいれば良いというものでもありません。力を背景に対外的に積極的に働きかけることも場合によっては必要となります。こうした広い意味も含めて、私たち日本人は、今一度、平和・環境の重要性を噛みしめて、これを積極的に推進していくことが求められていると考えます。

　また、芸術や技術についても、日本人がいかにこれらを大切にしてきたのかについては、世界的に知られています。日本画や陶芸や茶道などに典型ですが、日本人は古くから独自の美意識や芸術表現により、世界に例を見ない独特の芸術を発展させてきました。世界との垣根が低くなり、音楽・絵画・建築など、道具レベルでは他国と同じものを用いることが少なくない現代においても、日本人・日本発のものは独特の様式美・センスがあるということで非常に高く評価されています。音楽、建築、ファッション、映画等々、さまざまな分野において世界的に高い評価を受けている日本人は枚挙にいとまがありません。また、芸術を意味するArtには、元々技術という意味もありますが、自動車や半導体を典型として、ナノテクノロジーなどを駆使した日本の技術力は各国で高く評価されています。特に先述の環境との関連では、日本の省エネルギー技術は他国と比べても効率的であるとされます。こうした芸術力、技術力を大切に維持発展させていくことは後世への責任でもあると思います。

そしてもちろん、こうした芸術力、技術力を支えているのは卓越した人的資源です。これもよく言われるとおり、日本は、輸出をしたり、国内需要を満たしたりするだけの石油・天然ガス・各種鉱物資源などの天然資源の生産ができない国です。かつての炭鉱全盛期のような実績や、メタンハイドレートのような潜在的な可能性はありますが、少なくとも現状においては、天然資源をほとんど輸入に頼らざるをえない状況です。それでありながら、国レベルで見れば世界二位のGDPを生み出している国となっているのです。昨今の金融経済危機の影響で輸出産業が軒並み大きな被害を受けていることは大変気がかりですし、少子高齢化の進行、学力の低下、自殺率の上昇など、さまざまな問題点・不安要素が浮かび上がっていることは確かですが、それでも国際社会において、重要な地位を占めることができているのも、天然資源に代わってあまりある人的資源が生み出されてきたからであることは間違いありません。勤勉で向上心があり、我慢強い日本人は困難に耐え、ここまでの繁栄を築き上げてきました。こうした人材の競争力を今後とも維持発展させていくことは日本が発展を続けるための不可欠の要素であると言えるでしょう。

霞ヶ関構想改革の先にあるのは、三つの国家像をめざして取り組み、この過程または結果として、五つの価値の維持発展を図っていくことにほかなりません。

第2章　プロジェクトKのこれまでの活動

ここで、私たちが三つの国家像の実現と五つの価値の維持発展をめざしてどのような活動を行っているのかについてご紹介したいと思います。プロジェクトKは、霞ヶ関構造改革のための提言を行うにとどまらず、提言を実現するための四つの活動を継続して展開しています。①地方自治体の首長などとの連携強化、②社会意識の高い方々との連携強化、③政権への働きかけ、④霞ヶ関構造改革の提言のブラッシュアップの四つです。

地方自治体の首長などとの連携強化

私たちが地方の実情や価値観を勉強し、幅広い議論に基づく地に足の付いた提言を行っていくため、そして私たちと一緒に行政を担う地方自治体の皆様に霞ヶ関構造改革の必要性を理解していただいて私たちがめざしている三つの国家像、特に協創国家の実現に協力いただくために、主に週末を利用して積極的に地方へ出かけ、地方自治体の首長、意識の高い職員、民間の皆様などと議論を行い、国と地方自治体の連携強化、地方自治体同士の連携強化を図っています。

たとえば、新潟県三条市では、國定市長及び若手職員と国と地方自治体の関係について議論をさせていただくとともに、地元の産業界の皆様とは霞ヶ関のあり方について議論させていただきました。「市の職員が県を通さずに直接中央省庁へ連絡を取ることはタブー視されており、発覚した場合は県から怒られる」「現場視点が欠け、市民に対して使い勝手の悪い行政サービスを強いる内容の国の通達が多くて困っている」などといった地方行政を担っている皆様が直面している問題意識を勉強することができました。一方で、三条市の皆様からも「初めて中央省庁の現役職員と話したが、普通の感覚を持った人たちで安心した」「自分たちが勝手にタブーと思っていたこともそうではないことが分かったのは大きな発見だった」といった感想をいただいたところです。

自治体との連携の様子（新潟県三条市）

三条市のほかにも厚木市、熱海市、伊東市、開成町、逗子市、栃木市、横浜市などへ出かけて議論を行っています。このような活動を通じて得たネットワークを活かして、たとえば米の生産地と消費地をつなぎ、食の連携などの試みも始めようとしています。具体的には、米の生産地である自治体と消費地である自治体が連携し、消費地の学校給食で生産地の米を提供するとともに生産地の農家の方などによる食育教育ができないかといったことを検討しています。

社会意識の高い方々との連携強化

私たちが地方自治体の首長などとの連携強化と同様に力を入れている活動が社会意識の高い方々との連携強化です。私たちの勉強はもちろんのこと、広い社会に点在する高い社会意識を

「架け橋」の様子

持った皆様を面的につなげ、協創国家の実現に協力していただくことを目的としています。この活動は「架け橋」と称しており、セクターを超えた社会意識の高い人たちの交流の場を設けています。年三回程度の頻度で交流企画を実施しているのですが、有識者に講演いただき、その後に参加者をランダムに八～一〇名にグループ分けし講演テーマと関連するテーマについて議論していただく、そしてその後に場所を移して懇親会を行うという内容になっています。これまで明石康さん（元国連事務次長）、葛西敬之さん（東海旅客鉄道株式会社社会長）、勝間和代さん（公認会計士・経済評論家）、北川正恭さん（前三重県知事）、小池百合子さん（元環境大臣）、新浪剛史さん（株式会社ローソン社長）、丹羽宇一郎さん（伊藤忠商事株式会社社会長）、村尾信尚さん（ニュースキャスター・関西学院大学教授）といった蒼々たる有識者の皆様

「架け橋」で講演する丹羽宇一郎氏

にご協力をいただいています。

参加者の皆様からは、たとえば「普段の生活ではなかなか社会性の高い話題について議論できる場がないので、こういう場があるのはよいことだ」「自分とは異なるバックグラウンドを持つ初対面の人たちとの議論は大きな刺激になる」「世の中には社会に対して問題意識を持っている人が意外と多いことが分かって心強い」などといったポジティブなフィードバックをいただいているところです。

政権への働きかけ

なかなかセンシティブなことなので、具体的には述べづらいのですが、私たちの霞ヶ関構造改革の提言を早急に実現すべく政権中枢を含め永田町・霞ヶ関における普及啓発活動を行っています。私たちの提言を一部取り上げていただいたのでしょうか、たとえば安倍政権時には官邸スタッフの公募制が実施されたり、福田政権時には国家戦略スタッフ構想が提唱され公務員制度改革の肝の一つとなったり、最近では民主党が国家戦略局や行政刷新会議の設置を提唱したりしています。このように私たちの提言の内容の一部と同じ改革案が脚光を浴びるのは嬉しいことである反面、私たちは「総合戦略本部の設置」「人事制度改革の実現」「業務効率化の実施」の三点パッケージにより初めて霞ヶ関構造改革が実現すると考えているためその他の論点の重要性についても引き続き働きかかけを行っていきたいと考えています。

霞ヶ関構造改革の提言のブラッシュアップ

私たちは二〇〇五年に最初の霞ヶ関構造改革の提言を書籍の形で公表しました。この提言は当時、私たちが一年以上にわたって平日深夜や週末を使って議論した集大成であり、出版後にマスコミなどに取り上げられたこともあって私たちの下にはお褒めや激励の言葉、さらなる改善提案、批判など数多くのフィードバックをいただきました。「どうせ売名行為でやっているんだろう」「役人の自己満足に過ぎない」などといった心無い批判もいただきましたが、多くは真摯に私たちの提言を理解いただいた上での建設的なフィードバックです。このようなフィードバック、霞ヶ関内外の先輩方、有識者

プロジェクトＫの会議の様子

の皆様との議論を通じて私たちの提言をブラッシュアップし続けており、そのブラッシュアップされた提言が第二部及び第三部でご紹介したものになります。

無謬性を尊ぶ霞ヶ関的なものの考え方に基づけば、いったん提言として出す以上は完璧でなければならず、それはどんな屁理屈を付けてでも守らなければいけないのですが、私たちは、その時点時点では最善を尽くすものの、建設的な提案には率直に耳を傾け、より完成度の高い提言に仕上げ、そして試行錯誤しながら実行に移していくというスタンスを取っています。今回の提言も私たちとしては何回もの議論と推敲を経てブラッシュアップしたものですが、今後も真摯に周囲の声に耳を傾けながらさらなるブラッシュアップを図っていきたいと考えています。

第3章　PSRとM&A!——霞ヶ関だけではできないこと

三つの国家像、五つの価値を実現するに当たって、私たちがまず取り組むべきことである霞ヶ関の構造改革は日本再生のために必要不可欠な要素だと考えています。このため、前著及び本書では、まずは霞ヶ関に特化して、その構造改革の方法を示してきました。

しかし、当然ながら、私たちは、霞ヶ関を変えるだけで日本がすべて良くなると思っているわけではありません。私たちが霞ヶ関で仕事をしていても、また、霞ヶ関の構造改革案について考えていても、「霞ヶ関だけではどうにもならない」と思えることが多々あります。ましてや、三つの国家像は五つの価値を実現していくかと言う課題に対して、霞ヶ関構造改革はそのピースの一つに過ぎません。

そこで、本章では、私たちも霞ヶ関という枠から飛び出したうえで、一市民として三つの国家像を実現するためにどのような意識を持ち、具体的にどのような行動を起こすことができるのか、期待されているのかについて述べてみたいと思います。また、プロジェクトKが三つの国家像を実現するための活動を展開していくに際し、基本的な考え方となるＰＳＲとＭ＆Ａ！についても説明します。

ＰＳＲとＭ＆Ａ！

①ＰＳＲ（個人社会責任）

プロジェクトＫが三つの国家像を実現するための活動を進めていくに際し、まず最初に、ＰＳＲ（Personal Social Responsibility）という言葉を提唱したいと思います。

これは、どの会社でも重要視されるようになっているＣＳＲ（Corporate Social Responsibility：企業の社会的責任）という用語を受けて私たちが造語したものです。ＣＳＲとは、企業は利潤追求だけに存在意義があるのではなく、社会に対する責任もあるという考え方で、この考え方は何も法人たる企業にだけ当てはまるものではなく、自然人一人ひとりにも社会に対する責任があるのではないかという問題意識が背景にあります。

この世に生きていると、見過ごしたくない社会の不具合がいくつも目に付くと思います。もちろん、すべての問題と格闘していては身が持たないので、もっとも気になる一つのことだけで充分だと思いますし、現実的にはそれがやっとでしょう。対象は何でも良いと思います。身近なところでは、たとえば「豊かな社会であるはずなのに、どうして大半の人が毎日苦痛な満員電車に揺られなければならないのか」ということでも、「駅前の違法駐輪がきちんと取り締まりされていないのはなぜか」ということでも、「女性の社会進出が重要と言いながら、託児所が少なすぎるではないか」などです。

戦後の日本においては、このような社会を良くする、すなわち「公」的な活動は、その多くを政府が担ってきました。これは必ずしも悪いことではなく、高度経済成長期などはむしろ機能していたと評価できると思います。しかし、前述のとおり、人々のニーズが多様化し、政府だけではそれらに応えきれなくなっているばかりか、ニーズに気づくことすら容易ではなくなっている現在、民間の主体や個人個人がこれらのニーズを世に訴えると同時に自らもその解決に一定の役割を果たすなど、「公」の担い手になることは時代の要請であり、日本を変えるためには不可欠な変化だと考えます。

つまり、私たちは、個人にも社会的責任があると考え、自分たちのため、また、次代のため、「何か変だ。おかしい」と感じることについては、「そうは言っても、もう何年もずっとこういうやり方で来ているのだから今さら変わらないよ」とあきらめず、又は「政府やだれかほかの人がやってくれるでしょう」と人任せにするのではなく、自ら行動を起こしていくことが重要なのです。こうした一人ひとりの問題意識の向上と、問題解決及び理想の実現に向けた主体的な行動がこれからの日本を創っていく最大の原動力になると確信しています。

②M&A！（みんなでアクション！）

もう一つは、考えを同じくする人たちが語り合い、信頼や協力をベースに連携することです。社会全体を覆うような問題について、自分の理想や考えを持ってそれを実現しようと思えば、ある程度の声の大きさが必要になります。言い換えれば、前述のように自分の問題意識や理想を持ってそれをやり抜こうと思っても、一人ひとりの力には限界がある場合があるということです。

戦時中には、自分が正しいと思ったことを曲げずに主張しつづけて獄死した人もいました。そのこと自体は態度として立派ではあるものの、やはり重要なことは、できるだけ同じ考えを持つ他の人たちと連携することで大きな声とし、実際に正しいと思う方向に世の中を変えていくべく尽力することだと思います。

私たちはプロジェクトKの活動を通じて、数多くの勉強会、団体と出会う幸運に恵まれました。彼らの多くは社会的にはほとんど知られていません。しかし、仕事に、プライベートに忙しい中、真剣にこの国を案じ、議論し、行動を起こしています。このような熱い想いを持った人たちが個々に動くと同時に、積極的に連携して、より大きなうねりをつくっていくべきです。

一般的には、M&Aという用語は、Merger & Acquisition の頭文字をとったものであり、営利法人同士の合併・買収などを指します。しかし、非営利で主義主張を世の中に訴える個人や団体同士は、食べた食べられたということではなく、一緒に手を携えて、みんなでアクション（Minna で Action → M&A!）していくことが重要だという考えに基づき、私たちが意味を変えて使っています。

このM&A!を実現するには、当たり前ですが、ちょっとした考えの違いをあげつらって互いに足を引っ張り合っていては困ります。とかく知らない個人や団体同士が邂逅する段になると、互いの欠点や相違点が目に付きがちで、こうした部分を拡大視することで異質性が強調されてしまいがちですが、犬猿の仲と言われた薩長両藩が幕末時に大義のために連携した例などにならい、むしろ、互いの共通点を強調し、信頼関係を構築して一緒に歩みを進めることが重要です。

日本人は伝統的に集団プレーが得意で、チームワークが良いとされます。スポーツの世界で典型的に現われていますが、体格などの条件から個人技で劣る部分があっても、団体としての総合力でカバーすることが少なくありません。日本社会を取り巻く種々の問題に関しても、「あいつが悪い、こいつが悪い」と足の引っ張り合いをしている暇があったら、共通点を探し出して協力するほうがよほど解決に向けた効果が高いと思います。

具体的な行動の事例

ＰＳＲとＭ＆Ａ！については、心構えとしては理解できても、抽象的に過ぎて具体的に何をやったらいいのかよく分からないという声もあるでしょう。ＰＳＲやＭ＆Ａ！の具体的なあり方については、人それぞれの立場、職業、心の持ち方や人的ネットワークなどさまざまな要素によって変わってくるので、万人に当てはまるような具体的な例を示すのは容易ではありませんが、ここでは、私たちが考える具体的な行動の例について述べたいと思います。

①選挙に行く

もっとも身近で簡単に実行できることは選挙に行くことです。日本国民としてもっとも基本的な権利行使ですし、社会問題を考えるきっかけになります。

さらに具体的に言えば、特に私たち若い世代がもっと投票に行くようになり、投票率が一〇％上昇すれば、一部の圧力団体の組織票は相対的に緩和され、当選する議員は変化し、政権与党を変える可能性すらあります。何よりも投票率が高くなるということは、真の民主主義に一歩近づくということです。

第一部で述べたように、これからの日本を背負っていく若者の投票率が低いことは深刻な問題ですし、若者の投票率が低いために、若者が幸せと感じられる社会の実現が難しくなっていることがもっと認識されなければなりません。

迂遠なようでいて、やはり選挙に行くということは、民主主義の基本であり、効果的で重要な行動なのです。せっかく高い税金を払っているのだから、間接的にせよその使い方を決める人たちを自分たちの手で選んでみませんか。

②自分ひとりでできる小さな「良いこと」をやる(Do something good)

選挙は重要な行為ですが、義務としての一面もあり、必ずしも主体的な行動とは言い切れないところもあります。一方で、主体的な行動が望ましいことは事実ですが、実際にはなかなかハードルが高いのも確かです。

そこで、自分ひとりでできる小さなことを何か見つけて始めることで、社会貢献に対する心のハードルを低くすることができるかもしれません。これはＰＳＲの根幹をなす行動です。

たとえば、子供と公園にいったときにゴミを拾う、エコバッグを使う、コンビニのおつりを寄付するなど、一日一善を心がけてみてはいかがでしょうか。「余計なお世話だ」というご意見もあるかもしれませんが、本書の読者の皆様だけでも今日から社会に良いことを始めたとすれば、その小さな好意は社会を循環し、いろいろなところで小さな幸せを生み出す力となるでしょう。

「世の中が変わらない」とこぼす人は多くいますが、自分でできる小さな社会的「一善」すらやらずに不平だけ言うのは少し格好悪いと思うのです。

③勉強会、セミナーに行く

ここまでは主に自分ひとりの中で完結するPSRに関する行動でしたが、このような行動は、M&A!、つまり他者と交わることでますます大きな力となります。

とはいえ、いきなりみんなでアクション！と一足飛びには行きません。まずは同じような問題意識を持っている人たちとの交流により、信頼を築いていくことが必要です。具体的には問題意識を持っている社会問題に関する勉強会、セミナーなどへの参加が考えられます。

たとえば、プロジェクトKが実施している「架け橋」というイベントは、毎回テーマを設定し、有識者の講演と質疑応答、それに関連するグループディスカッションを行った後、懇親会を行っています。

このようなセミナー、勉強会などへの参加を通じて、個人が持っている問題意識とそれに対する想い・アイディアなどについて有識者の意見を聞き、他の人との意見交換をし、交流を深めることで、組織的で社会的な影響力を持った行動につながる信頼関係が構築される可能性があります。

何より、このような交流の場は大変楽しいものです。霞ヶ関の中だけで議論して前著を出版した後、プロジェクトKは法人化して、さまざまな業種の方々との交流を始めました。法人化記念の集まりには多くの方が出席してくださいましたが、他の業種の方のお話を聞き、学生の熱い想いを受け止め、バックグラウンドの違いを超えてざっくばらんに交流することがあれほどおもしろいものだということを初めて知りました。官と民の違いに対する新鮮さと、共通する想いの確認がこのような感動につながったのだと思います。

このような交流の機会は、さまざまな方々の社会貢献活動のプラットフォームであると同時に、活動へのエネルギーを新たに充電する貴重な機会になるでしょう。

普段の仕事や勉強で忙しい毎日になってしまい、その他の「+α」の活動に参加することは大きなエネルギーを必要とすることではありますが、それを補って余りある価値があると考えます。プロジェクトKの「架け橋」をはじめ、ぜひさまざまなイベントに積極的に顔を出してみてください。

④政治家や政府におけるインターン、NPO法人のボランティア、市民討議会などに参加する

いろいろな場でさまざまな人たちと交流した方には、より能動的に、自らが社会貢献活動の「プレイヤー」として、「公」の世界に飛び込んでみることをお勧めします。「公」の問題に「仕事として」取り組んでいる組織に協力することです。具体的には、たとえば、学生などであれば議員事務所や政府でインターンをする、NPO法人のボランティアをすることが考えられます。

また、NPO法人などで定期的なボランティアをするほどの時間がないというような方には、第一部で触れた休日に開催される市民討議会などに参加するということが考えられます。

プロジェクトKを法人化して以来、私たちが思っているよりも大きな距離感を皆様が霞ヶ関に対して感じているということを知りました。これにはさまざまな原因があると思います。霞ヶ関の職員も自身の想いや業務などについてきちんと皆様に説明してこなかったこと、メディアが霞ヶ関を批判するという方向で皆様に紹介してきたこと、多くの皆様が霞ヶ関について関心を持たず、又はメディア情報を唯一の情報源として霞ヶ関のイメージを作ってきたことなどでしょうか。

公の業務の世界に飛び込んでみることは、その組織はもちろん、「公」的な業務とは何か、「公」を取り巻く世界、論理、雰囲気などを知る最高の機会です。まさに「百聞は一見に如かず」です。メディアからの間接情報だけを情報源とせず、自らの経験を通じて判断を下すことは重要なことですが、「公」の仕事、「官」という組織などを自ら経験して、その世界観を知れば、霞ヶ関をはじめとする「公」の世界との距離は縮まり、信頼関係が構築されはじめることでしょう。また、実際に自分が「公」的な業務を仕事にする職業に就くようなことを視野に入れている場合に、このようなインターンやボランティアの経験が役に立つことは言うまでもありません。

同時に、今後、「公」の担い手となるＮＰＯ法人などにとっても、多くの協力を得て、担い手として必要なマンパワー、専門能力などを整備することがより容易になります。

⑤自分の属するチーム・組織において、リーダーとして行動を起こす

本当に自分が理想とする社会に向けて行動を起こしたいと考えるのであれば、自らがリーダーシップをとって、関係者も巻き込みながら組織的な行動を起こして行くことが必要となります。

しかし、たとえば、いきなりＮＰＯ法人を立ち上げるとか、政治家に立候補するという行動が準備不足のためにうまくいかないこともありえるでしょう。

そこで、現在皆様が所属している組織、たとえば、企業、自治会やＰＴＡ、大学のサークルやゼミなどを振り返った場合、そこにも改善が必要な課題はたくさんあると思います。このような課題の改善に向けて、リーダーシップをとって取り組むという経験は、組織の動かし方を学び、リーダーシップを学ぶ貴重な機会になります。

たとえば会社などで問題意識を持つ人を集めて勉強会を立ち上げたり、一歩進んで業務改革チームを結成して活動したりすることが考えられます。

霞ヶ関で言えば、官による政策立案機能の独占の弊害を是正し、政策市場を作ることで、霞ヶ関の改善努力を促すと同時に、政党や政治家、民間企業などの政策立案能力の向上にも資するという良い循環を生み出すことを目的とする「官民協働ネットワークCrossover 21」という活動もあります。これは二〇〇一年に霞ヶ関に入省したグループが設立したものです。

霞ヶ関の各省庁に広がる若手職員による種々の業務改善活動もこのような動きの一例です。

どんな小さな改善運動でも、組織的な行動を主体的にまとめ上げた経験は、他者の下で社会活動をしたときや個人として活動したときとは、また別の重要な気づきや成長を与えてくれるものです。

⑥「社会を良くする」を仕事にする

社会貢献のための究極の形は、問題意識を持っている課題に関する行動を仕事にすることです。NPO法人を自ら立ち上げたり、選挙に立候補して政治家をめざしたり、試験を受けて公務員になったりすることが代表的な事例でしょう。本当に自分が理想とする社会に向けて行動を起こすためには、自らがリーダーシップをとって、関係者も巻き込みながら組織的な行動を起こして行くことがもっとも効果的です。

たとえば、現在の日本には、三万五〇〇〇以上ものNPO法人があります。NPO法人化していないグループやネットワークも含めると、その数は相当数になると思います。このことからも、自ら行動を起こすという意味での直接的なPSRは相当身近になりつつあると言えるでしょう。もちろんすべてのNPO法人の活動がうまく行っているわけではないでしょうが、これだけの数のPSRがうまくつながってM&A!となれば、国や社会の姿は相当良い方向に変わるのではないでしょうか。プロジェクトKはこれらの「架け橋」となるべく活動をしていきたいと考えています。

また、第三部で述べた総合戦略本部とそれに向けた霞ヶ関構造改革推進本部は、民間メンバーも公募されることとなるでしょう。このような機会をとらえ、社会を良くするための活動のもっとも大規模かつ重要な取り組みである国家戦略の策定と実行を仕事にすることは、何にも換えがたい貴重な機会になると思います。

以上、ＰＳＲやＭ＆Ａ！を実現するための具体的な行動について例を挙げてきましたが、これらはすべて、「お上」の言うことを待ちの姿勢で聞き続ける観客民主主義から一歩踏み出す動きです。

言葉を換えれば、官民が、二項対立の枠組みで権限の取り合いをするのではなく、本来あるべき姿を求めて率直に議論し、行動すること、すなわち、私たちの唱える「協創国家」をめざす動きに他なりません。

この国の「仕組み」の改革が実現することと、国民一人ひとりの意識・行動が大きく変わること、この二つの改革が同時進行することで、日本は大きく再生の方向に向かうものと強く信じています。

第４章　プロジェクトＫの今後と連携の拡大

本書をここまでお読みいただき、ありがとうございました。最後に、私たちプロジェクトＫの今後の活動をどう進めていくか、そして、活動を進めていくためにどのような体制整備・強化を進めていくのかという点について述べたいと思います。

今後の活動

私たちプロジェクトKは、今後、三段階の発展を考えています。

第一段階は、霞ヶ関構造改革に道筋をつけることです。

霞ヶ関構造改革推進本部の設置がまず先決であることはこれまで繰り返し述べてきたところですが、推進本部の設置を皮切りに、総合戦略本部の創設など霞ヶ関の三つの構造改革を実現することが、当面の私たちの最優先、最大の目的・活動となります。まずはこの活動に全力投球したいと思います。

そして、霞ヶ関の三つの改革に道筋がつき、実際に機能しはじめた暁には、第二段階として、少し視野を広げて、教育問題や少子化問題など日本の抱える個別政策課題、さらには、国会改革、司法改革、NPO法人のあり方、企業のCSRなど、霞ヶ関にとどまらない議論についても、あらゆる主体の参加を得て議論し、各種の政策提言活動を行っていきたいと思います。

私たちはこれまで、霞ヶ関の問題は主に構造的な要因によるものであるとの理念の下、「構造」を見直す作業に専念し、個別の政策提言をあえて行わないようにしてきました。しかし、霞ヶ関の構造改革に目途が立てば、いまやプロジェクトKにはさまざまな分野からの参加者が集まっていることから、皆様の意見を広く取り入れ、議論を行うことで、官民協働での政策提言を行っていきたいと思います。そのプラットフォームとして「架け橋」を活用し、ここで意気投合した関係者が勉強会などを立ち上げ、政策提言に向けた検討を進めていただけることを期待しています。プロジェクトKは、勉強会の立ち上げや、関係者のマッチング、有識者の紹介、関係する現場の紹介などの支援を行いたいと思います。

同時に、三つの国家像の実現や五つの価値の維持発展に資するという前提で、収益事業や非営利事業も視野に入れて、活動範囲を広げていくことも長期的な視野に入れたいと思います。

二〇〇九年五月二六日、プロジェクトKは内閣府認証のＮＰＯ法人（特定非営利活動法人）になりました。そもそもわが国の法人制度は、営利か非営利かを問うところから始まる制度設計です。しかし、日本で最初の商社とも言われる坂本龍馬の設立した亀山社中を見れば分かるように、法人としてめざすビジョンに忠実であれば、必ずしも営利か非営利かでその法人を割り切れないところがあると思います。亀山社中やその発展組織である海援隊は、商売はもちろんのこと、時には報酬を度外視して、命を懸けて戦闘に参加するという「究極の非営利事業」も行ったと言われています。

プロジェクトKでは、「架け橋」などで参加者から実費相当の参加費をいただくなどの事業は行っていますが、利益はなく活動を継続するための最低限の収入しか得ていません。しかし、今後は、組織の活動を拡大し、官民の交流や、それをさらに進めて具体的な事業を行うためには専任スタッフの確保が必要となります。このための収益を確保することも考えていきたいと思います。

また、ビジョンに照らしてその本義にかなう話であれば、営利事業を行うことも将来的には視野に入れたいと考えています。もちろん、営利事業を行う段階になれば、ＮＰＯ法人とは法人格を分けることを考えなければならないでしょう。いずれにせよ、ビジョンに忠実なものであれば、たとえば私塾のようなものを立ち上げたり、芸術活性化のためのファンドを設けたりすることもミッションの一つとして良いのではないかと考えています。

この三段階の進展は、プロジェクトKからプロジェクトJへ、そしてプロジェクトIへと、アルファベットをK→J→Iと、Kから順にさかのぼっていくと見ることもできます。すなわち、霞ヶ関を対象とする「K」の段階、日本（Japan）全体を対象とする「J」の段階、そして、三つの国家像と五つの価値を守り続けたいというわが国社会への愛に満ちた活動をする「I」（「愛」の当て字）の段階ということです。

プロジェクトKとともに歩んでくださる皆様へ

プロジェクトKは以上述べたような活動を進めていきたいと思いますが、そのためには読者の皆様のほか、私たちの想いに共感してくださる皆様のご協力が不可欠です。

そこで、共感いただいた皆様には、ぜひともプロジェクトKのホームページ（http://projectk.jp/）にアクセスいただき、メールマガジンの登録をお願いします。メールマガジンでは私たちの活動内容と、「架け橋」（有識者講演、グループディスカッション、懇親会）などのイベント情報を定期的に送らせていただきます。

その上で、ぜひ一度「架け橋」に足をお運び下さい。「架け橋」では多くの人や新たな価値観との出会いがあるはずです。その中で、問題意識を共有する同志を見つけて信頼関係を深め、勉強会などを立ち上げて想いを実際に行動に移していただきたいと思います。勉強会の周知や、有識者の紹介、関係する自治体、企業などの紹介などはプロジェクトKとして協力させていただきたいと思います。

また、プロジェクトKの運営についてもぜひ皆様のお力をお借りしたいと思います。さまざまな形がありますが、プロジェクトKの会員（メンバー、サポーター）になっていただき、資金面や運営面でご協力をいただければ幸いですし、それぞれの専門分野（法律、財務、IT、人脈等）について、プロフェッショナルボランティアとして関わっていただけると大変ありがたく存じます。

さらに、人的な面では、プロジェクトKの活動を関心がありそうな知人に私どもの活動をご紹介いただくほか、皆様が所属している別の勉強会などに私どもをお招きいただき、逆に私たちの勉強会にお越しいただくような交流もぜひお願いしたいと思います。

ニーズがあれば、どこへでもメンバーがお邪魔したいと思います。自治体や企業の方などとの意見交換も大変ありがたいです。

最後まで、本書で私たちにお付き合いいただき本当にありがとうございました。

本書での私たちの主張に「共感」いただけた読者の皆様には、ぜひ私たちの活動にご支援・ご協力をいただき、ともに「共汗」、ともに汗をかき、苦労しつつも楽しみながら、三つの国家像を実現するための活動を進めていきたいと考えています。

あとがき

あなたは今幸せですか?

たしかに不況とはいえ、途上国に比べれば、日本にはモノは豊かにあるでしょう。ただ、作家の村上龍氏が「この国には何でもあるが、ただ希望だけがない」と書いているように、今の日本では、今一つ、すっきりと満足、幸福と言い切れる人が少ないのではないでしょうか。

モノの豊かさだけではなく、人々の幸福感・満足感というもの、すなわち、「満たされる気持ち」を大切にする時代が到来しているのだと思います。

ブータンという国があります。中国とバングラデシュに挟まれた国土面積五万㎢弱の小国です。国是として、GDPではなく、GNH(Gross National Happiness)という指標を掲げ、人々の幸福感を大切にしています。一人当たりGDPは日本の約二〇分の一の一六〇〇ドル程度しかありませんが、国勢調査では、国民の九七%が幸福と感じています。

GNHの構成要素は、①心理的幸福感、②時間の使い方、③生活水準、④文化、⑤健康、⑥教育、⑦環境、⑧ガバナンス、⑨地域活力の九つであり、すべての項目を同じ配分で定量評価しています。GDPよりも国民の幸福を大事にするという考え方で、実際にブータンは現在もGNHを開発計画の核にしています。具体的には、仏教を中心とした伝統的なブータンの文化・生活を大切にし、急ぎすぎる開発を避け、自然保護とのバランスが取れ、身の丈にあった開発や発展を選ぶことを国家方針としているのです。

もちろん、この考え方には、国民が自由に幸福を追求することを国家が制限する危険な考えであるといった批判もありますし、結局人間は自動車など便利な製品を知ってしまったら後戻りはできない(後戻りしたら幸福度は下がってしまう)という指摘もあります。GNHが国際的に見て、支配的な概念として浸透していないことからも、この考え方の限界や克服すべき課題が大きいことが分かります。しかし、前述のような強烈かつもっともな反論を受けてもなお、GNHを支持する声は提唱から三〇年以上を経た今でも途絶えることはありません。二〇〇五年にはわが国外務省との共催によるシンポジウムも開催されています。二〇〇七年一一月にはタイでGNHの国際学会も開かれています。

GNHが支配的な概念になることは短期的にはないにしても、真の豊かさとは何かを考えるとき、頭の片隅にはしっかり持っておかないといけない概念ではないでしょうか。

ここで、日本におけるGNHについて考えてみたいと思います。

GNHという考え方、国民の幸福量の総和を最大化させることが大切という概念自体は、ほとんどの人がこれに異論はないと思います。しかし、各国の社会的な背景・制度などに照らし、また、個々人で「幸福」の意味が異なるのみならず、相互の「幸福」間に衝突がある場合も考えられる中、GNHを最大化させようとする具体的な過程・手段は各国、各地域で異なるのは当然です。ブータンではGNH最大化の手段として仏教をその中心に据えていますが、日本ではそのような方法が必ずしもそのまま当てはまるとは思えません。

では、日本におけるGNHの最大化に向けてどういうアプローチを取っていくべきなのでしょうか。これは答えのない問いかもしれませんが、答えの一部にでもなることを期待して、ここでは二つだけ私たちの考えを述べたいと思います。

第一に、ブータンの思想と近いかもしれませんが、隣の芝が青く見える状態から脱することです。人の幸せというのはとかく周りの人に左右されがちなものです。自分が幸せな状況にいても、周りの人がより幸せであれば（幸せなように見えれば）、自分の現状が不十分に思えてくるというわけです。日本など先進国ではITの進展などにより、とかく多くの情報が氾濫し、「隣」の人の数・範囲が飛躍的に増えてしまいました。さらにいえば、「芝の青さ」だけ気になっていたのが、「芝の種類」、「芝の長さ」なども気になる対象となり、ますます心休まらない状況です。このような状況を脱するには、「足るを知る」心構えが重要です。すなわち、他人と比較して「相対的な」幸せを際限なく求めるのではなく、自分が「絶対的に」幸せだと思えるかどうかを考え、幸せであればその状態に満足すべきということです。

第二に、第一点と関連付けて言えば、「自分の家の芝を青くする」ことです。現時点で絶対的な幸せが不十分だと感じる場合、隣の家の芝の青さをやっかんだり、ましてや青くならないように妨害したりすることなく、とにかく自分が幸せになるように努力することです。

では、どうすれば、自分の家の芝は青くなるのでしょうか。この問いに対して一概に答えることは不可能です。それはそれぞれの家で芝の状態が違うからです。芝がそもそも存在しない家庭、芝は青いが庭の一部にしか生えていない家庭、芝は一面生えているが、色が良くない家庭等々。

しかし、あえて答えれば、今の日本、日本人にもっとも足りない部分、すなわちこれから良くしていける余白がいちばん大きいのは、社会参加から得られる幸福ではないでしょうか。

ワーク・ライフ・バランスという言葉があります。仕事と私生活のバランスを適切にとることが大切とする考え方で、基本的には従来の日本人が仕事に偏った日常を見直そうとする動きです。しかし、すでに多くの人が主張しているとおり、私たちは「ライフ」をさらに三つ、すなわち、「家庭」「自身（趣味・自己啓発）」そして「社会参加」に分けるべきだと思います。これらの人生を構成する四要素のバランスを見直すこと、特に多くの日本人がこれまで軽視してきた社会参加について真剣に考えることにより、自分の家の芝をもっと青くすることが可能ではないでしょうか（このほか、多くの男性にとっては、「家庭」についても軽視されてきたと思います。男性が育児休暇を取得することなどによっても、新たな幸せや気づきが得られると思いますが、ここでは詳しくは触れないこととします）。

二〇〇八年後半から顕在化した金融危機後、アメリカに対する不信と不満は大きなものがありますが、それでもアメリカにはわが国が見習うべきことがまだまだあります。その最大のものの一つはまさにこの社会参加に対する制度の整備と国民意識の高さです。ＮＰＯ法人や寄付行為に対する法律面や税制面での特例はもちろんですが、文化的・宗教的な背景に根ざした国民意識の高さはやはり素晴らしいものがあります。財政難で工事がストップした公園は近所の有志がお金を出し合って完成させますし、クリスマスなどは独居老人への食事の提供など慈善活動が当たり前のように行われます。一部の人たちだけではなく、その多くにこのような意識と行動力が浸透している社会こそがアメリカの強みになっているのでしょう。

しかし、これらの活動を通じて、アメリカの社会が良くなるという側面はもちろんのこと、本当に重要なのは、参加した人々が得られる充足感や教育効果ではないでしょうか。慈善事業への参加者は活動が楽しいと言い、自発的、継続的に活動に参加していますし、語学サークルなどの主催者には退職者も多く、慈善活動にエネルギーを注ぐことで日々の生活を生き生きとしたものにしているようです。このように社会活動への参加から幸福を得ている人が多いのです。

これまでは、幸福と社会参加という観点から述べてきましたが、プロジェクトKが提唱している「真豊」「協創」「小強」の三つの国家像でも同じことが言えます。この国家像自体は多くの人々に支持していただけるものだと考えていますが、この実現には複雑かつ膨大な作業が必要です。たとえば、プロジェクトKのメインの活動である霞ヶ関構造改革だけをとっても、霞ヶ関内だけで解決できる課題は限定的で、政治、地方自治体、民間企業、NPO法人などさまざまな主体の協力や改革などと連携しないと実現できないものも多く含まれます。したがって、あらゆるセクターに所属する個々人がそれぞれの立場から社会参加することにより、他のセクターを知り、その改革に協力すると同時に、自らが所属するセクターの改革に役立てることが重要であり、これにより日本は協創国家に近づくことになります。また、この過程を経て霞ヶ関のスリム化とマンパワーの重要な行政課題への集中、並びに民間セクターの受け皿の強化により小強国家に近づき、適切な政策の施行と人々の社会参加による充足感とが相まって真豊国家が実現するのです。

これらの作業は途方もなく膨大な作業、いわば「なんとかして移動させたい大きな山」です。しかし、この山を前にして、「大変だよな」「難しいよな」「(動かせなくても)仕方ないよな」で終わらせるのはもったいないと思うのです。「暗い」と不平を言うよりは、ちょっと手間はかかりますが、進んで明かりをつけようとする人生のほうが楽しいと思いませんか。山を動かすために集まった有志との出会い、有志とともにどうしたらうまく山を動かせるのかを議論する時間などは、「社会のため」であることはもちろんですが、「自分のため」でもある素敵な経験だとは思いませんか。このような思いを抱いているPSR意識の持ち主が今必要とされています。このような人材を結集してみんなでアクション（M&A！）することによって、大きな山を少しずつ動かしていく作業の先陣を切り、また、多くの有志が出会う場を作って作業の結節点となることが私たちプロジェクトKの使命だと考えています。

本文中でも触れましたが、コンビニでおつりを募金したり、電車で席を譲ったり、講演会に顔を出すことなどは素晴らしい社会貢献です。また、一歩進んで、興味がある周りのNPO法人を手伝ったり、消防団やPTAなどの地域活動に参加したりすることも人生を豊かにしつつ、日本を良くすることにつながるでしょう。プロジェクトKの活動を始めてから驚いたことは、社会を良くするために議論し、行動を起こす人や団体が、社会的にほとんど認知されていないものを含め、たくさんあることでした。これらの人々、また、これから新たにアクションを起こす人々がそれぞれに、また力を合わせていけば山は動きます。

本書は、「三つの国家像の実現というビジョン、さらにその先にある「GNHの最大化」という大きな山を一緒に動かしてくれる志士に対するメッセージでもあります。今は、まさに「危急存亡の秋」にほかなりませんが、日本の底力はまだまだこんなものではありません。その源泉となるのは、社会参加による各セクターの協働・協創だと確信しています。

本書を読んで少しでも共感してくださった皆様とお会いし、ともに考え、アクションしていける日を心から楽しみにしています。

主な参考文献

『イスラム金融――仕組みと動向』（イスラム金融検討会編、日本経済新聞社、二〇〇八年）
『内側から見た富士通――「成果主義」の崩壊』（城繁幸著、光文社、二〇〇四年）
『海外の日本語教育の現状――海外日本語教育機関調査』（国際交流基金日本語国際センター編、国際交流基金日本語国際センター、一九九二年）
『格差社会の結末――富裕層の傲慢・貧困層の怠慢』（中野雅至著、ソフトバンククリエイティブ、二〇〇六年）
『霞ヶ関構造改革・プロジェクトK』（新しい霞ヶ関を創る若手の会著、東洋経済新報社、二〇〇五年）
『霞が関半生記――五人の総理を支えて』（古川貞二郎著、佐賀新聞社、二〇〇五年）
『「関係の空気」「場の空気」』（冷泉彰彦著、講談社、二〇〇六年）
『官庁セクショナリズム』（今村都南雄著、東京大学出版会、二〇〇六年）
『「行政」を変える！』（村尾信尚著、講談社、二〇〇四年）
『虚妄の成果主義――日本型年功制復活のススメ』（高橋伸夫著、日経BP社、二〇〇四年）
『空気と戦争』（猪瀬直樹著、文藝春秋、二〇〇七年）
『経営戦略を問いなおす』（三品和宏著、筑摩書房、二〇〇六年）
『決断力』（羽生善治著、角川書店、二〇〇五年）
『小泉官邸秘録』（飯島勲著、日本経済新聞社、二〇〇六年）

『公共経営論』（宮脇淳著、ＰＨＰ研究所、二〇〇三年）
『構造改革の真実――竹中平蔵大臣日誌』（竹中平蔵著、日本経済新聞社、二〇〇六年）
公務員人事の研究――非効率部門脱却の処方箋（山中俊之著、東洋経済新報社、二〇〇六年）
『合理的な愚か者――経済学＝倫理学的探究』（アマルティア・セン著、大庭健、川本隆史訳、勁草書房、一九八九年）
『国鉄改革の真実――「宮廷革命」と「啓蒙運動」』（葛西敬之著、中央公論新社、二〇〇七年）
『国家についての考察』（佐伯啓思著、飛鳥新社、二〇〇一年）
『国家の品格』（藤原正彦著、新潮社、二〇〇五年）
『この国を作り変えよう――日本を再生させる10の提言』（冨山和彦 松本大著、講談社、二〇〇八年）
『これならわかる日本の実力――国際比較くらしと経済』（白井さゆり著、日本放送出版協会、二〇〇七年）
『最終報告』（行政改革会議、一九九七年）
『最前線のリーダーシップ――危機を乗り越える技術』（ロナルド・A・ハイフェッツ、マーティ・リンスキー著、ハーバード・ＭＩＴ卒業生翻訳チーム訳、竹中平蔵監訳、ファーストプレス、二〇〇七年）
『組織行動の「まずい！」学――どうして失敗が繰り返されるのか』（樋口晴彦著、祥伝社、二〇〇七年）
『組織を伸ばす人、潰す人――人事のプロは知っている　社員の「成長スイッチ」をｏｎにするリーダーの条件』（柴田励司著、ＰＨＰ研究所、二〇〇七年）
『女子の本懐――市ヶ谷の５５日』（小池百合子著、文藝春秋、二〇〇七年）
『昭和史　１９２６－１９４５』（半藤一利著、平凡社、二〇〇九年）
『昭和史　戦後篇　１９４５－１９８９』（半藤一利著、平凡社、二〇〇九年）

『失敗の本質――日本軍の組織論的研究』（野中郁次郎他著、中央公論新社、二〇〇〇年）
『「社会を変える」を仕事にする――社会起業家という生き方』（駒崎弘樹著、英治出版、二〇〇七年）
『成果主義――どうすればそれが経営改革につながるのか？』（高橋俊介著、東洋経済新報社、一九九九年）
『人材マネジメント論』（高橋俊介著、東洋経済新報社、一九九八年）
『生活者起点の「行政革命」』（北川正恭著、ぎょうせい、二〇〇四年）
『政策の総合と権力――日本政治の戦前と戦後』（御厨貴著、東京大学出版会、一九九六年）
『政府系ファンド入門』（谷山智彦他著、日経BP社、二〇〇八年）
『戦略の本質――戦史に学ぶ逆転のリーダーシップ』（野中郁次郎他著、日本経済新聞出版社、二〇〇八年）
『占領期――首相たちの新日本』（五百旗頭真著、講談社、二〇〇七年）
『ソーシャル・ガバナンス――新しい分権・市民社会の構図』（神野直彦、澤井安勇著、東洋経済新報社、二〇〇四年）
『だから、改革は成功する』（上山信一著、ランダムハウス講談社、二〇〇五年）
『中央省庁改革――橋本行革が目指した「この国のかたち」』（田中一昭、岡田彰著、日本評論社、二〇〇〇年）
『内閣政治と「大蔵省支配」――政治主導の条件』（牧原出著、中央公論新社、二〇〇三年）
『長野市人事制度改革構想』（長野市、二〇〇八年）
『日本国の研究　続日本国の研究』（猪瀬直樹著、文藝春秋、二〇〇二年）
『日本の近代1――開国・維新　1853～1871』（松本健一著、中央公論社、一九九八年）
『日本の近代2――明治国家の建設　1871～1890』（坂本多加雄著、中央公論社、一九九九年）
『日本の近代――教養としての歴史　上』（福田和也著、新潮社、二〇〇八年）

『日本の本当の順位――世界レベルで見た我が国の姿』（浅井信雄著、アスキー、二〇〇七年）
『ネクスト・ソサエティ――歴史が見たことのない未来がはじまる』（P・F・ドラッカー著、上田惇生訳、ダイヤモンド社、二〇〇二年）
『人は仕事で磨かれる』（丹羽宇一郎著、文藝春秋、二〇〇八年）
『マイクロソフトでは出会えなかった天職――僕はこうして社会起業家になった』（ジョン・ウッド著、矢羽野薫訳、ランダムハウス講談社、二〇〇七年）
『未完の国鉄改革――巨大組織の崩壊と再生』（葛西敬之著、東洋経済新報社、二〇〇一年）
『役人学三則』（末広厳太郎著、佐高信編、岩波書店、二〇〇〇年）
『よくわかる特殊法人改革――道路公団、住宅金融公庫から郵政3事業まで』（並河信乃著、東洋経済新報社、二〇〇二年）
『リーダーシップの旅――見えないものを見る』（野田智義、金井壽宏著、光文社、二〇〇七年）
『ローマ人の物語　3――勝者の混迷』（塩野七生著、一九九四年）
『ローマ人の物語　4――ユリウス・カエサル　ルビコン以前』（塩野七生著、一九九五年）
『ローマ人の物語　5――ユリウス・カエサル　ルビコン以後』（塩野七生著、一九九六年）
『ローマ人の物語　6――パクス・ロマーナ』（塩野七生著、一九九七年）
『論語――現代に生きる中国の知恵』（貝塚茂樹著、講談社、一九八四年）
『How Solid are the BRICs?』（ゴールドマン・サックス・グループ経済調査部、二〇〇三年）

尚　智栄（しょう　ともえい）
民間企業に勤務。プロジェクトKでは、官民セクターを越えた交流を促す「架け橋」企画を担当。官と民が協働してよりよい国づくりを推進するためには、まず相互理解が重要だと実感。今後とも積極的に官民交流の場を増やしたいと考えている。

瀧澤　勇人（たきざわ　はやと）
民間企業に勤務しているエンジニア。様々なNPO、NGOの活動にも関わり、未来ある日本の改革のためにプロジェクトKの活動にも参加し、IT関係を担当。

竹内　帆高（たけうち　ほたか）
国土交通省にて事業評価などを経験。現在は外務省に出向しODA有償資金協力を担当。北海道大学公共政策大学院在学中に、朝比奈代表が講演に来たことをきっかけにプロジェクトKの活動に参加。霞ヶ関における縦割りの弊害の解消を目指す。

竹谷　理志（たけたに　まさし）
環境省にて地球環境政策、リサイクル政策などの分野を経験。プロジェクトKでは官民セクターを超えた交流を促す「架け橋」企画を担当。三つの国家像に強く共感し、その実現に向けて様々な方面で活躍する人材を巻き込んでいきたいと考えている。

田中　健二郎（たなか　けんじろう）
財務省/金融庁にて国債海外IR、課徴金制度の企画などを担当した後、現在は民間企業に勤務。プロジェクトKでは、無駄・非効率が多い霞ヶ関の業務改革を担当。最近は地方からの改革を模索し、官民含めた異業態間の連携に注力している。

中塚　恵介（なかつか　けいすけ）
内閣府、内閣官房勤務を経て、現在はカリフォルニア大学サンディエゴ校に留学。プロジェクトKではNPO定款作成などを担当。今後とも提言のブラッシュアップなどを通じ、日本の長期的な政策構築に貢献していきたいと考えている。

能勢　雅樹（のせ　まさき）
国税庁の技術系職員。事務系とは異なる視点で日本の行政組織の抱える問題点を考え、改善していくために、プロジェクトK他、Crossover21などの諸団体で活動している。プロジェクトKでは、主にIT関係を担当している。

松本　宏太（まつもと　こうた）
異動や出向を繰り返しつつ、総合調整機関に勤務していることが多い。プロジェクトKでは雑業を担当。霞ヶ関における戦略とは水であるのか火であるのか知れないが、いずれにせよ賽は投げられるので、鳴かずとも真っ向勝負だ時鳥と勇んでいる。

芳野　行気（よしの　こうき）
環境省にて地球温暖化対策などを担当した後、現在は民間企業に勤務。プロジェクトKでは地方自治体との連携推進、出版事業など法人事業全般を担当。官民両方で培った知見を活かし、真の官民交流を自ら実践したいと考えている。

※本書の内容はすべてNPO法人プロジェクトKとしての見解であり、各人が所属する省庁・企業の見解ではありません。

新しい霞ヶ関を創る若手の会（NPO 法人プロジェクト K）

現状の中央省庁の構造的欠陥に危機感をもち、この国の未来のためにその改革を目指す、20 ～ 30 代の若手公務員を中心とする集まり。霞ヶ関内部の実情を踏まえるとともに民間企業・非営利セクターなどとも意見交換を重ねて今日の霞ヶ関が抱える問題を抽出し、霞ヶ関の構造的改革を提言している。2003 年の結成以来、各種の提言活動の他、地方自治体との連携や、異なるセクターに属する同世代との交流の場（「架け橋」）やフォーラムを開催。著書に『霞ヶ関構造改革・プロジェクト K』（東洋経済新報社刊、2005 年）がある。

●ホームページ：http://www.projectk.jp/
●お問い合わせ：contact@projectk.jp

●執筆者紹介（発信プロジェクトチーム）

朝比奈　一郎（あさひな　いちろう）
プロジェクト K 代表。経済産業省にてエネルギー政策、経済協力政策などを経験。2003 年にプロジェクト K を立ち上げて以来、霞ヶ関構造改革の必要性を各方面で精力的に説き、その実現に向けて日々奔走している。

一井　里映（いちい　りえ）
環境省に勤務。公害問題、自然環境、環境と経済などの分野を経験。プロジェクト K では財務・会計を担当。霞ヶ関をもっと女性が働きやすい場所にしたいと思ったことがきっかけで、プロジェクト K に参加。

遠藤　洋路（えんどう　ひろみち）
文部科学省で生涯学習、初等中等教育、学術、文化、スポーツなどの分野を経験。プロジェクト K では法人の運営部門の総括や渉外関係を担当している。無駄な業務のために忙しすぎる霞ヶ関の現状を変えたいと思い活動に参加。

小紫　雅史（こむらさき　まさし）
環境省にてレジ袋の有料化、ハイブリッド自動車の税制優遇などを担当する傍ら、「環境省を変える若手の会」を創設。PSR（個人の社会的責任）を提唱し、プロジェクト K では副代表として主に官民協働による三つの国家像の実現を目指す活動を総括。

桜井　順（さくらい　じゅん）
会計検査院勤務。プロジェクト K ではテレビ・新聞等との渉外を担当。「政策市場」の形成を目指す異業種間の交流ネットワークである Crossover21 の活動にも携わっている。

● 英治出版からのお知らせ
弊社ウェブサイト（http://www.eijipress.co.jp/）では、新刊書・既刊書のご案内の他、既刊書を紙の本のイメージそのままで閲覧できる「バーチャル立ち読み」コーナーなどを設けています。ぜひ一度、アクセスしてみてください。また、本書に関するご意見・ご感想をE-mail（editor@eijipress.co.jp）で受け付けています。たくさんのメールをお待ちしています。

霞ヶ関維新

官僚が変わる・日本が変わる

発行日　2009年 9月10日　第1版　第1刷

著者　新しい霞ヶ関を創る若手の会
発行人　原田英治
発行　英治出版株式会社
〒150-0022 東京都渋谷区恵比寿南1-9-12 ピトレスクビル4F
電話　03-5773-0193　FAX　03-5773-0194
http://www.eijipress.co.jp/
プロデューサー　高野達成
スタッフ　原田涼子　鬼頭穣　大西美穂　岩田大志
藤竹賢一郎　デビッド・スターン　山下智也
百瀬沙穂　渡邉美紀　仁科絵利子　垣内麻由美
印刷・製本　株式会社シナノ
装丁　英治出版デザイン室

ISBN978-4-86276-077-7　C3031　Printed in Japan

ハーバード・ケネディスクールからのメッセージ

世界を変えてみたくなる留学

池田洋一郎著

日本のために、世界のために、僕たちは何ができるだろう?
　世界最高峰のリーダー養成所・ハーバード大学ケネディスクールの講義や、取材した世界各地の社会変革の現場体験記。財務省の若手官僚による人気 No.1 留学ブログの単行本化。

定価：本体 1,900 円＋税　ISBN978-4-86276-047-0

勇気ある人々

Profiles in Courage

ジョン・F・ケネディ著　宮本喜一訳

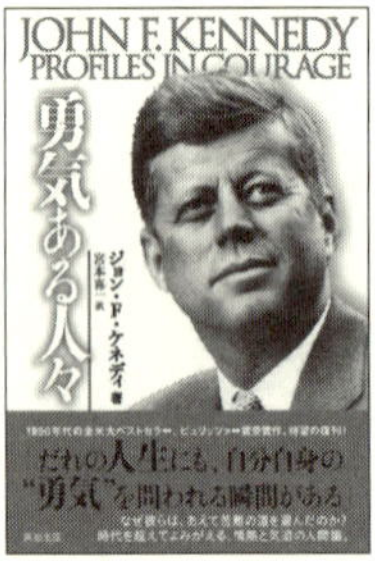

だれの人生にも、自分自身の勇気を問われる瞬間がある。
――信念に生きたアメリカ史上の偉大な政治家たちの生きざまをジョン・F・ケネディが描いた情熱と気迫の人間論。
1950 年代の全米大ベストセラー、新訳で復刊!

定価：本体 2,200 円＋税　ISBN978-4-86276-023-4

One Day, All Children...

いつか、すべての子供たちに

「ティーチ・フォー・アメリカ」とそこで私が学んだこと

ウェンディ・コップ著　東方雅美訳　渡邊奈々解説

教室から世界を変える!　巨大社会起業 TFA の軌跡。

大学卒業後の若者が 2 年間、全国各地の学校で「教師」になったら、世の中はどう変わるだろう?　米国大学生の「理想の就職先」第 10 位に選ばれるまでになったティーチ・フォー・アメリカの軌跡を創業者がいきいきと描く。

定価：本体 1,600 円＋税　ISBN978-4-86276-050-0

TO MAKE THE WORLD A BETTER PLACE - Eiji Press, Inc.

サーバントリーダーシップ
Servant Leadership

ロバート・K・グリーンリーフ著　金井真弓訳　金井壽宏解説

希望が見えない時代の、希望に満ちた仮説

ピーター・センゲに「リーダーシップを本気で学ぶ人が読むべきただ1冊」と言わしめた名著、待望の邦訳。「サーバント」――つまり「奉仕」こそがリーダーシップの本質だ。

定価：本体 2,800 円＋税　ISBN978-4-86276-040-1

シンクロニシティ　未来をつくるリーダーシップ
Synchronicity

ジョセフ・ジャウォースキー著　野津智子訳　金井壽宏解説

心から望む夢に一歩踏み出すとき、「奇跡」は起こり始める。真のリーダーシップを求める旅で著者が見出したものとは。感動のベストセラー。

定価：本体 1,800 円＋税　ISBN978-4-86276-012-8

ダイアローグ　対立から共生へ、議論から対話へ
On Dialogue

デビッド・ボーム著　金井真弓訳

「目的を持たずに話す」「一切の前提を排除する」……あらゆる共同体を協調に導く、奥深い「対話」の技法を思想家ボームが解き明かす。

定価：本体 1,600 円＋税　ISBN978-4-86276-017-3

リーダーシップとニューサイエンス
Leadership and the New Science

マーガレット・J・ウィートリー著　東出顕子訳

混迷の時代に生き残る「進化しつづける組織」とは？ カオスに満ちた世の中の問題を解決する鍵は、新しい科学の世界に潜んでいる！

定価：本体 2,200 円＋税　ISBN978-4-86276-052-4

グラミンフォンという奇跡 *You Can Hear Me Now*

「つながり」から始まるグローバル経済の大転換

ニコラス・P・サリバン著　東方雅美他訳

アジア・アフリカの途上国に広がる「携帯電話革命」！　通信によって生活が変わり、ビジネスが生まれ、経済が興り、民主化が進む。貧困層として見捨てられてきた30億人が立ち上がる。世界の劇的な変化をいきいきと描いた、衝撃と感動の一冊。

定価：本体1,900円＋税　ISBN978-4-86276-013-5

チョコレートの真実 *Bitter Chocolate*

キャロル・オフ著　北村陽子訳

カカオ農園で働く子供たちは、チョコレートを知らない。――カカオ生産現場の児童労働や、企業・政府の腐敗。今なお続く「哀しみの歴史」を気鋭の女性ジャーナリストが危険をおかして取材した、「真実」の重みが胸を打つノンフィクション。

定価：本体1,800円＋税　ISBN978-4-86276-015-9

未来をつくる資本主義 *Capitalism at the Crossroads*

世界の難問をビジネスは解決できるか

スチュアート・L・ハート著　石原薫訳

環境、エネルギー、貧困……世界の不都合はビジネスが解決する！　真の「持続可能なグローバル資本主義」とは、貧困国を成長させ、地球の生体系を守るビジネスを創造し、かつ利益を上げる資本主義だ。人類規模の課題を論じた話題作。

定価：本体2,200円＋税　ISBN978-4-86276-021-0

ワールドインク *World Inc.*

なぜなら、ビジネスは政府よりも強いから

ブルース・ピアスキー著　東方雅美訳

いまや企業は、国家よりも強大な力を持っている。人々の生活のすべてが、巨大企業によって左右される。環境問題もエネルギーも貧困も紛争も、カギを握るのは政府よりもパワフルな世界的企業――ワールドインクだ。

定価：本体1,900円＋税　ISBN978-4-86276-024-1

ディープエコノミー *Deep Economy*

生命を育む経済へ

ビル・マッキベン著　大槻敦子訳

気鋭の環境ジャーナリストが世界各地のエコ・レポートを元に、未来型の新経済を提言。「持続可能な世界」への扉を開く。経済は何のためにあるのか。いま一度その意義を見直すことによって、人類にとっての「幸福」をも再確認できる一冊。

定価：本体1,900円＋税　ISBN978-4-86276-029-6

国をつくるという仕事

元世界銀行副総裁
西水美恵子 著

貧困のない世界を夢見て
闘いつづけた二十三年間。
日本人として、女性として初めて
世界銀行地域担当副総裁を務め、
草の根の民衆と共に
「国づくり」の現場を歩いてきた著者が
リーダーと政治の正しいあり方を
世に問う待望の書。
愛する母国の国づくりのために……
[解説・田坂広志]

定価：本体 1,800 円＋税　ISBN978-4-86276-054-8